高管任职经历、融资约束、财务绩效与现金股利政策

翟华明　李艳巧　马　静　著

哈尔滨工程大学出版社
Harbin Engineering University Press

内容简介

本书以上市公司现金股利政策为主要研究对象,分析高管任职经历、融资约束以及财务绩效等因素对现金股利政策的影响。首先介绍研究的目的、意义以及内容框架;之后对高管任职经历与现金股利政策、融资约束与现金股利政策、财务绩效与现金股利政策进行文献综述;主体部分分为三章,分别基于我国 2016—2020 年 A 股上市公司的数据对高管任职经历与现金股利政策、融资约束与现金股利政策、财务绩效与现金股利政策的关系进行实证研究,其中现金股利政策会从现金股利支付水平及股利平稳性两个角度进行分析,并提出相应的建议;最后总结全文形成结论。

图书在版编目(CIP)数据

高管任职经历、融资约束、财务绩效与现金股利政策/
翟华明,李艳巧,马静著.—哈尔滨:哈尔滨工程大学
出版社,2023.1
ISBN 978-7-5661-3767-8

Ⅰ.①高…　Ⅱ.①翟…②李…③马…　Ⅲ.①上市公
司-管理人员-人事管理-研究-中国　Ⅳ.
①F279.246

中国版本图书馆 CIP 数据核字(2022)第 241494 号

高管任职经历、融资约束、财务绩效与现金股利政策
GAOGUAN RENZHI JINGLI,RONGZI YUESHU,CAIWU JIXIAO YU XIANJIN GULI ZHENGCE

选题策划　夏飞洋
责任编辑　李　暖
封面设计　李海波

出版发行　哈尔滨工程大学出版社
社　　址　哈尔滨市南岗区南通大街 145 号
邮政编码　150001
发行电话　0451-82519328
传　　真　0451-82519699
经　　销　新华书店
印　　刷　哈尔滨市石桥印务有限公司
开　　本　787 mm×1 092 mm　1/16
印　　张　9.75
字　　数　268 千字
版　　次　2023 年 1 月第 1 版
印　　次　2023 年 1 月第 1 次印刷
定　　价　58.00 元
http://www.hrbeupress.com
E-mail:heupress@ hrbeu.edu.cn

前　言

现金股利分配是上市公司向股东分享企业盈利的重要途径,股利政策也是公司金融领域的重点问题。因此,为了深入了解我国上市公司现金股利政策的影响因素,探索我国资本市场的发展规律,本书从高管任职经历、融资约束、财务绩效等角度分析其与上市公司现金股利政策之间的关系,采用实证研究的方法探索各要素与上市公司现金股利政策的关联属性,并力求明确其影响机理。

本书对 2016—2020 年 A 股上市公司的数据进行实证研究,得出的结论在很多方面与前人不同。2016 年是我国"十三五规划"的开局之年,而亚洲基础设施投资银行的成立也为我国的发展战略提供了坚实基础。然而,中美贸易摩擦和新冠肺炎疫情的出现让企业更加注重风险管控。为了应对市场的新变化,上市公司在现金股利政策方面也做出了相应调整。

本书的特点主要有以下几个方面:

第一,多维度探析上市公司现金股利政策的影响因素。国学者从不同的角度对现金股利政策的影响因素进行了分析,并得出了多种结论。考虑产权性质带来的影响,本书在各章节中将总样本分为国有企业与民营企业两个子样本进行回归,发现这三大要素对国有企业与民营企业上市公司现金股利政策的影响不同。针对这一现象,本书探究了其背后的原因。

第二,注重理论分析与机理研究。一方面,本书充分论述了学者们关于现金股利政策的相关研究,同时梳理了高管任职经历、融资约束、财务绩效的相关文献,在深入总结的基础之上提出假设,并采用实证方法进行论证,形成结论。另一方面,在明确不同要素与上市公司现金股利政策之间关系的基础之上,注重研究其影响机理,探索关联路径,揭示其背后的逻辑,以清楚解释高管任职经历、融资约束、财务绩效对上市公司现金股利政策形成影响的深层次原因。

第三,具有鲜明的时代特色。本书实证研究选择的数据时间为 2016—2020 年,可以反映"十三五规划"以来上市公司现金股利政策的特征。中美贸易摩擦和新冠肺炎疫情的出现让企业更加注重风险管控。而现金股利的发放会降低企业的流动性,增大企业的风险,这促使上市公司重新审视现金股利政策,调整了原有的策略。本书对这段时间的数据进行实证分析,通过阅读本书,能够发现上市公司现金股利政策的改变方向,明确新环境下企业发放现金股利重点考虑的因素,了解资本市场变动的趋势。

经过实证研究,本书得出了以下结论:

(1)高管任职经历对现金股利政策具有显著影响。一方面,高管任职经历可以显著提高企业的现金股利支付水平。具有相关任职经历的高管会因为维护声誉而严格规范自身行为,积极响应我国监管机构制定的分红政策。另一方面,高管任职经历的存在会加大现金股利的波动性。即使是在环境出现了复杂变化的情况下,高管任职经历这种优势作用依然体现得非常充分。

（2）融资约束在高管任职经历与现金股利政策之间具有中介作用。高管任职经历可以显著降低企业融资约束水平。在全样本、国有企业子样本和民营企业子样本中，融资约束在高管任职经历与现金股利支付水平的关联中起到部分中介的作用。在高管任职经历与现金股利平稳性的关联中，融资约束依然具有中介作用。但是对异质性分析时，在国有企业中，融资约束起到的是部分中介作用；而在民营企业中，融资约束起到的是完全中介作用。

（3）融资约束会对现金股利的支付水平以及现金股利平稳性形成实质性影响。融资约束对相对数现金股利支付和绝对数现金股利支付都具有显著的抑制作用，而这种作用在民营企业中更强。此外，融资约束程度越大，现金股利的波动性就越强。

（4）财务绩效与现金股利支付水平以及现金股利平稳性具有紧密关联。上市公司的盈利能力对现金股利支付水平具有显著正向作用，对现金股利的平稳性具有显著负向作用；上市公司的发展能力对现金股利支付水平具有显著正向作用，对现金股利的平稳性具有显著负向作用；上市公司的偿债能力仅在国有企业子样本中对现金股利支付水平具有显著正向作用，对现金股利平稳性的影响在全样本和民营企业子样本中具有显著正向作用；上市公司的营运能力对现金股利支付水平不存在显著作用，在全样本中对现金股利的平稳性具有负向作用。

从以上几点可以看出，企业现金股利政策受多种因素的影响。完善我国资本市场，提高现金股利政策的成熟度，需要多维度的措施共同努力，具体包括厘清政企关系，避免权力寻租，推进政策完善，加强政策公开，构建公平的市场环境，提升企业盈利能力，坚持开拓国际、国内市场，提升企业的发展能力，拓宽融资路径，降低融资成本，减轻企业偿债压力，推进科学管理，提升企业营运能力，等等。

受理论水平、资料来源、时间条件等因素的限制，许多相关问题还有待进一步深入研究与探讨，不足之处在所难免，敬请专家、读者批评指正，以促进和改善我们以后的研究工作。

2022 年 6 月于天津

目　　录

第1章 绪 论

1.1 研 究 背 景

1. 我国资本市场快速发展

上海证券交易所成立于 1990 年，标志着我国资本市场的正式诞生。虽然我国资本市场的历史明显短于西方发达国家，但是起点较高，发展十分迅猛，其成就令世人瞩目。

第一，我国资本市场整体规模位于世界前列。截至 2022 年 4 月 1 日，上海证券交易所两大板块(主板和科创板)上市公司合计 2 075 家，总市值达到 471 630.6 亿元；深圳证券交易所两大板块(主板和创业板)上市公司合计 2 619 家，总市值达到 339 267.18 亿元；新诞生的北京证券交易所上市公司合计 89 家，总市值达到 2 065.62 亿元。截至 2022 年 2 月底，香港证券交易所上市公司合计 2 570 家，总市值达到 408 890 亿元。上海证券交易所、深圳证券交易所和香港证券交易所都已经跻身全球十大交易所之列。

第二，我国市场体系逐步完善。覆盖股权和债权的多层次资本市场在我国已初步形成。股权基金、产业基金等均得到迅速发展。

第三，我国资本市场功能日益增强。资本市场的发展逐渐为储蓄向投资的转化开辟了越来越宽的道路。此外，资本市场还有利于我国企业重新评估价值，以客观可见的市值数据反映企业的决策效果，审视自身的行为，强化自身管理水平。同时，市场的不断完善也传播了市场经济的基本理念和现代金融的基本知识。

第四，我国资本市场秩序愈发规范。我国资本市场构建了与国际通用准则具有一致性的法律监管体系，对外开放稳步提高。

2. 我国资本市场依然存在诸多问题

我国资本市场在快速发展的过程中也积累了很多亟待解决的问题。首先，市场波动幅度比较大，如金融危机前后，上海证券综合指数(上证指数)波动较大，在 2001 年和 2008 年先后经历了上涨 97% 和下跌 65% 的过山车式变化；其次，服务实体经济的能力比较弱，在实体经济中，很多真正的新业态、新模式企业得不到支持，市场的包容性和弹性有待提高；再次，投资产品种类较少，发展相对谨慎，而投资人对资本市场的了解也相对匮乏，银行存款和理财产品依然是主要的家庭理财手段；最后，资本市场潜在的系统性金融风险依然比较大，我国社会经济处于转型期，之前粗放发展阶段形成的问题并没有得到完全解决，矛盾还存在激化的潜在可能，需要调整政策引导市场以逐步化解。

3. 我国上市公司现金股利政策依然不成熟

现金股利是资本市场对股东的典型利益回报，而上市公司的股利政策自主性较强。在财务管理研究中，一直有很多学者关注这一课题。股利政策的研究能够让我们更加透彻地了解上市公司的内部环境，推测企业未来现金流的特征，了解其面临的投资机会。从另一个角度来讲，投资人的现实利益保证程度也决定着资本市场的活跃度。如果合理的股东回报能够稳定地得到保证,那么资本市场的资金就会进一步充足,上市公司能够获得更多的融资机会,经济发展也会更加健康。因此,从理论和实践的角度出发,股利政策的研究都具有重要的价值。

我国资本市场存在的诸多问题,导致了上市公司存在发放现金股利水平较低、不发放现金股利或者不把盈利水平作为标准来发放现金股利等现象。监管机构为了规范市场现金股利的发放,陆续出台了一系列以上市公司股利分配为核心要点的政策,规定现金股利发放情况要达到一定标准才能具备再融资资格,在公司章程中面向公众做出股息承诺等。我国证券监督管理委员会负责人在 2017 年公开强调,要在加强对上市公司现金股利发放的关注基础之上,提高对具有发放现金股利能力而不发放现金股利上市公司的惩罚力度。这在之前的政策基础之上进行了强化,进一步表明证监会督促上市公司坚决执行现金股利发放政策的决心。2021 年,我国证券监督管理委员会进一步明确了对上市公司应在公司章程中确定关于现金股利发放的具体安排和决策过程的要求,以保障公司中小股东的合理回报权利。但在实际执行的过程中,这些政策并没有完全实现预期效果。

因此,面对各公司不同的分配行为,研究现金股利政策的影响机制,探索不同因素对现金股利支付水平和现金股利平稳性的影响,不仅可以为该种现象提供部分解释,也可以为相关部门制定政策和投资者选取投资目标提供参考建议。

4. 高管任职经历会对企业财务决策形成实质性影响

我国的市场经济体制具有其特殊性,政府对经济的运行以及资源配置起着举足轻重的作用。部分国有企业拥有着明显的体制优势,它们通常能以较低的成本取得资金;而另外一部分企业,特别是民营企业,只能另辟蹊径去争取体制外的资金,而这类资金为了抵消自身风险识别能力不足的缺陷会提出更高的回报要求,这必然增加民营企业获取资金的成本,进而也为其本就艰难的投资决策带来了更大的压力。高管任职经历很可能帮助企业改善经营状况,从而较为容易地获取发展所需资金。还有一些企业会聘请有过政府部门任职经历的人员进入企业参与管理工作。在学术界,很多学者经常把高层管理者这类任职经历称为"政治关联"。从《中国经济周刊》提供的数据可以看到,出席中国共产党第十九次全国代表大会的 2 280 名代表(经中央批准公布的代表名单一共是 2 287 名,十九大代表名单公布以后,发现 7 人存在不适宜作为代表的问题,经中央批准,不再作为代表)中,有 148 人属于企业高层管理者,其中 27 位任职于各类民营企业以及有境外资金参股的企业,可见高管任职经历在企业中受到了普遍关注。国务院于 2017 年提出了建立"亲""清"型商业关系的重要指示,把"公平竞争、诚信经营"作为企业经营的标志性特征,并在实践中给予企业实际支持以实现这一目标。

因此,本书将结合我国现阶段的政策导向及市场环境背景,从国有企业和民营企业两个角度,探讨高管任职经历与企业现金股利支付水平及现金股利平稳性之间的具体关联,并力求明确融资约束问题在这一关联中发挥的作用。

5. 融资约束在企业现金股利决策中长期扮演重要角色

资金是企业赖以生存的源泉。在企业成长的过程中,融资是永恒的主题。寻找支撑企业发展的资金并投向具有满意回报的项目是企业的重要使命。企业的资金来源可以简单地分为内源资金和外源资金两种类型。其中的外源资金融资途径往往伴随着较高的资本成本。如果内部资金比较充足,企业可以采用内源融资的方式,那么企业则不存在融资约束的问题。但现实中的大多数情况是,企业并没有足够的内源资金,只能依靠外部融资这一渠道来获得资金。然而,结构性失衡一直是我国资本市场饱受诟病的问题,例如来自银行的间接资金与来自社会的直接资金存在着不平衡的问题,规模不同、性质不同的企业资金来源存在着不平衡的问题。这些问题的存在都提高了外部投资者对上市公司的期望,使得其要求的报酬率非常高,导致部分上市公司被融资约束问题所束缚,制约着企业的发展,进而影响其利润分配。根据世界银行的调查数据,75%的中国上市公司把融资约束视作企业在经营发展中遇到的最大问题,这一比例在被调查的所有国家中位居第一。对于民营企业来说,这一问题更为突出,因为民营企业通常规模相对较小,商业资源相对较少,财务业绩也相对较差。无论是哪种具体形式的资金市场,往往都将业绩不够亮眼的民营企业拒之门外。

我国政府已经对上市公司现金股利支付水平及现金股利平稳性问题给予了关注,创造性地推出了"半强制分红"政策,将现金股利支付水平与上市公司的融资需求进行结合,列明了限制性条件,并且要求企业在首次公开募股(IPO)时就向所有潜在投资人说明上市之后的现金股利分配政策。这会对它们的现金股利支付水平和现金股利平稳性产生重要影响。

因此,从融资约束角度对企业的现金股利政策进行研究,有利于全面分析不同企业的现金股利支付水平和现金股利平稳性存在差异的原因,既可以帮助企业自身形成高质量的现金股利政策,也可以帮助外界更为系统全面地对企业的现金股利政策形成认知。

6.财务绩效与现金股利政策紧密相关

上市公司的绩效主要分为财务绩效和市场绩效。财务绩效指公司通过经营所取得的绩效,有多种可选的代理变量,而总资产净利率(ROA)和净资产收益率(ROE)出现的频率较高;市场绩效一般用于衡量上市公司在资本市场中的表现,受股票价格波动的影响较大。由于我国的资本市场尚不成熟,稳定成长的"慢牛"趋势一直未能形成,所以很难以市场绩效为指标去衡量我国上市公司的政策效果。因此,财务绩效是能够最直观地反映企业经营状况。根据信号传递理论,财务绩效与企业的现金股利支付水平以及现金股利平稳性具有显著关联,而公司对股东的股利分配情况又可以作为反作用于公司绩效的信号。如当现金股利政策令人满意时,外界便会认为公司现金流量充足,从而加大对公司的投资,为公司未来绩效的良好表现奠定基础。根据代理理论,发放现金股利使公司的内部现金持有量减少,从而更多地依靠外部融资,这使公司能够得到更多的外部监督。随着代理冲突在强化的外部监督下获得了缓解,代理成本也随之降低。同时,现金股利的支付能够降低大股东侵占公司资产的概率与额度,这也能使大、小股东间的关系更加缓和,进而利于提升财务绩效。

企业的财务绩效会影响其现金股利分配政策,而现金股利分配政策也会反过来影响财务绩效,二者相互制约。本书通过近年来上市公司的具体财务数据来研究财务绩效对现金股利政策的影响机制,一方面有助于探明财务绩效和现金股利政策的相互作用机理,另一方面有助于探究影响现金股利支付水平和现金股利平稳性的更多影响要素,作为实证基础促使上市公司考虑调整经营策略以实现稳定的现金股利政策,同时与外部各类组织及潜在投资人实现更加高效的信息交换。

1.2 研究目的

从企业角度来看,市场经济的灵魂在于企业,国有企业和民营企业在我国经济的大舞台上都扮演着重要的角色。较之于国有企业能够更多地得到多方支持,民营企业的融资渠道相对狭窄,受到的限制因素也会更多,因此,现金股利分配政策会有所不同。这可能导致其现金股利分配政策受高管任职经历、融资约束、财务绩效等因素的影响,而其影响程度和影响路径有所不同。

从投资者角度来看,目前我国资本市场拥有超过 1.5 亿的投资者,其中持股 50 万元以下的被定义为中小投资者,他们在所有投资者中占比高达 95%。因此,在我国的资本市场中,中小投资者是一个非常重要的参与主体。民营企业在我国市场经济中发挥着越来越重要的作用,它实现良性可持续发展并给予中小投资者及时、合理、持续的回报,这不仅有利于促进市场经济又快又好地发展,也有利于资本市场健康稳定地运行。但由于中小投资者存在人数分散、欠缺行使权利的知识和能力、与被投资企业信息不对称等问题,在现金股利分配时常出现权益得不到保护的情况,在投资市场中经常处于弱势地位。

从监管部门角度来看,证券监督管理委员会等监管部门对于企业的现金股利分配政策起着一定的宏观调控作用。但由于企业的具体情况千差万别,监管部门对企业不同的现金股利政策的成因和制约因素了解得并不全面,因此,有可能导致实际效果不佳。

基于以上原因,本书的研究目的有以下几点:

第一,深入研究现金股利支付水平与现金股利平稳性的影响机制。厘清高管任职经历、融资约束和财务绩效对国有企业和民营企业的现金股利分配政策的影响路径,并通过相关解释变量和中介变量探究上述因素在决定企业现金股利分配政策时还受哪些因素调节。通过对比国有企业和民营企业的研究结论,分析其一致性与不同之处,帮助企业认识和规范其行为。

第二,帮助中小投资者调整投资标的。研究国有企业和民营企业的现金股利政策影响机制,使投资人特别是使中小投资者认识到被投资企业的现金股利分配政策受哪些因素的影响,帮助其在日常投资时,根据可以获知的信息来判断未来的现金股利分配政策,以使自身权益得到更加充分的保障。

第三,为相关部门的政策完善提供参考意见。明确不同因素对不同类型企业的现金股利政策的影响机制后,可以为证监会等监管部门提供较为明确的政策制定方向。根据得出的实证性结论,通过对比国有企业和民营企业的现金股利政策制定的差异,以及不同因素对现金股利政策的影响程度,本书可以为我国监管部门提供制定更具针对性、可行性、有效性政策的建议,同时为我国现金股利监管政策的完善提供新的实践依据。

1.3　研　究　意　义

组织环境的功能价值远胜于一个客观存在,它是在众多组织及其管理者经过博弈并通过自身的选择和参与中产生的,是组织和环境多重作用与反作用形成的结果。企业的经营与发展离不开组织环境的支持。一方面,组织环境为企业生存提供物质基础和制度保证,另一方面,企业也要与外部组织环境进行经营成果的分享,这样才能形成一个良性循环。现金股利政策是上市公司与投资者共享经营成果的路径之一,亦是一种将公司与投资者之间联系起来的关键桥梁,它既能给投资者带来现实而直接的投资回报,又能为外部人士打开一扇探究公司财务和治理情况的信息之窗。只有保持现金股利这座“桥梁”的牢固、稳定,投资者和公司的关系才能长久维持。这样不仅利于保证投资者的既定利益,也利于稳定企业股价,赢得投资人的青睐,从宏观来说,更有利于资本市场的长远健康发展。因此,对我国上市公司现金股利支付水平和现金股利平稳性的影响机制进行深入的研究,无论是在理论上还是在实践中都具有重大的意义。

1.3.1　理论意义

关于现金股利政策的研究由来已久,涉及高管任职经历、融资约束和财务绩效的文献也非常丰富,但是很少有文献直接探讨高管任职经历、融资约束和财务绩效三大要素的交互作用对于上市公司现金股利支付水平以及现金股利平稳性的影响机制。关注现金股利支付水平的文献较多,而对现金股利平稳性的研究相对较少。本书加入相关中介变量和控制变量,从国有企业和民营企业两个角度分别研究高管任职经历、融资约束和财务绩效对现金股利支付水平的影响路径,横向比较这三个因素在不同企业间影响方式的异同,探讨各个因素间的关联作用。在理论上,不但能够丰富有关现金股利支付水平及现金股利平稳性影响因素的研究,还可以对我国上市公司现金股利政策进行更加全面、综合的分析。此外,本书所选样本的时间为 2016—2020 年,这期间爆发的中美贸易摩擦以及新冠肺炎疫情,对企业的决策产生了极大影响,风险被摆在了突出的位置。本书的研究有助于探索特殊事件对上市公司现金股利决策的影响,明确其在风险环境下考虑的新要素、新问题,也为探索企业现金股利政策随事件变化的趋势做出贡献。因此,本书将有助于扩展高管任职经历、融资约束、财务绩效的价值领域和现金股利影响因素的研究范围,同时也为其他相关研究提供借鉴的思路。

1.3.2　实践意义

现金股利平稳而持续地发放给股东,可以让股东对其投资回报有较为准确的预测,从而可以安排这些回报的进一步合理运用,增大股东获取的价值。事实上这能够提高上市公司在股东心中的价值认定,进而对上市公司未来的发展坚定信心并追加投资,上市公司便有充分的资源空间进一步完善决策机制。从更为宏观的层面来说,整个资本市场在这样的氛围之下会显著提升资源优化配置功能。因此,从实践的角度进行分析,研究现金股利支付水平以及现金股利平稳性,对上市公司和资本市场两个方面都具有支撑其可持续发展的重要意义。

本书将研究视角置于中国特色社会主义市场经济体制之下，以现代资本市场为平台，结合我国上市公司在进行股利分配时所面临的问题，重点研究在国有企业和民营企业中，高管任职经历、融资约束和财务绩效是如何影响公司的现金股利政策的，主要的实践意义可以总结为以下几点。

（1）营造公平的市场环境

实证检验结果证明，高管任职经历、融资约束和财务绩效会在不同程度上影响企业的现金股利分配政策，主要表现在现金股利支付水平和现金股利平稳性两个方面。多种要素在国有企业和民营企业中分别表现出了不同的影响程度，分析出一些特征后能够为投资人提供参考，引导投资人优化投资结构，这可以为营造公平的市场环境提供帮助。同时也告诫公司管理者，应根据自身的实际情况进行理性现金股利发放，避免由不恰当的现金股利政策导致的外界低估或高估企业价值，做出错误判断，从而影响公司正常运营和发展。

（2）保障中小投资者的权益

中小投资者虽然在资本市场中具有重要作用，却无法形成合力，成为实际意义上的弱势群体。绝大多数的中小投资者没有能力识别企业的真实经营状况，容易被各种"小道消息"误导，最终在投资中损失惨重。这对中小投资者的投资信念具有重大打击，其投资意愿也会在打击下逐渐降低，将资金慢慢抽离资本市场，对本就相对落后的我国资本市场形成了进一步的阻碍。只有中小投资者的权益得到了保障，才能使我国资本市场真正产生生机与活力，走上健康发展的道路。因此，研究现金股利支付水平以及现金股利平稳性的影响因素，并不断推进现金股利政策改革，能够帮助中小投资者洞察到更为准确的信息，在投资中选择优质的上市公司，从而获得更为合理的股利收益，这对于保障中小投资者的权益具有十分重要的现实意义。

（3）引导企业高管选聘

企业高管有多种任职经历的现象是普遍的，本书分析高管任职经历对企业决策行为产生的影响，有利于企业选聘高管，也有利于企业家有针对性地谋求相关任职经历。通过对国有企业和民营企业的数据对比，也能够探明民营企业是否面临更为严重的融资约束问题，从而为民营企业的高管选任提供借鉴。

（4）辅助资本市场政策完善

本书通过研究现金股利支付水平以及现金股利平稳性的影响因素，发现高管任职经历、融资约束和财务绩效都会影响现金股利的分配。所以本书的研究结果有助于监管部门更为全面具体地探明不同企业在现金股利支付水平以及现金股利平稳性上存在差别的具体原因，为制定相关政策提供更具参考性的建议，便于监管部门结合国有企业和民营企业的不同情况，考虑融资约束等现实问题，制定更具针对性的政策，促进资本市场现金股利分配行为的良性发展。

1.4 研究思路与研究方法

1.4.1 研究思路

1. 梳理文献

以已有的关于高管任职经历、融资约束、财务绩效、现金股利支付水平以及现金股利平稳性问题相关领域的研究成果为基础,先明确高管任职经历、融资约束、财务绩效以及现金股利支付水平以及现金股利平稳性的概念,再从高管任职经历与现金股利支付水平以及现金股利平稳性的研究,融资约束与现金股利支付水平以及现金股利平稳性的研究,财务绩效与现金股利支付水平以及现金股利平稳性的研究等角度进行综述。在文献梳理、分类的过程中,总结已有研究成果及其不足之处,发现问题,进而明确本书的研究角度。

2. 确定变量

对以往有关文献所用到的理论和研究方法进行归纳总结,同时确定适用于本书的主要变量的衡量指标,并对三个影响因素分别构建合理的回归模型。从上市公司的现金股利支付水平和现金股利平稳性两个方面寻找合适的代理变量来衡量现金股利政策,再按照产权性质将样本区分为国有企业和民营企业两个子样本,以确定不同因素对企业现金股利支付水平以及现金股利平稳性的影响。

3. 探究机理

以国有上市公司和民营上市公司披露的财务报表数据和实际控制人背景信息为基本依据,分别研究高管任职经历与现金股利支付水平以及现金股利平稳性的关系,融资约束与现金股利支付水平以及现金股利平稳性的关系,财务绩效与现金股利支付水平以及现金股利平稳性的关系,并根据已有文献的研究成果,探究三个变量与现金股利政策之间的影响机制。

4. 提出建议

根据研究结果得出结论,深入剖析上市公司的利润分配问题,为相关监管部门的政策制定提出建议,为优化政企关系和制定更合理的股利分配政策提供值得借鉴的思路。

1.4.2 研究方法

本书通过文献回顾和理论分析,既借鉴规范分析的思路,又采用实证研究的方法,建立多种回归模型,将所选择的样本数据多角度定量分析,具体的研究方法可以概括为文献研究法和实证分析法。

1. 文献研究法

收集国内外有关高管任职经历、融资约束、财务绩效、现金股利支付水平以及现金股利平稳性研究的相关文献,梳理国内外现阶段的研究思路及主要成果,归纳研究主题及其相应的研究方法、实证模型和代理变量,分析其优缺点,形成本书的研究内容,并对理论进行分析,进而提出假设,再针对本书要解决的特定问题,确定变量。

2. 实证分析法

本书研究样本的时间为 2016—2020 年,以 A 股上市公司为基础进行筛选,采用多种方式收集数据,其中部分数据来自国泰安数据库(CSMAR),也有部分数据需要手动搜集,运用EXCEL办公软件对从数据库中收集到的原始数据进行初步筛选、分类与合并,在实证分析过程中,进行理论分析并提出假设,谨慎确定变量并设计回归模型,进行描述性统计、相关性分析等基础性工作,之后回归数据以明确具体关系,再多角度进行稳健性检验,以期研究结果的严谨、正确。

1.5　研究内容与框架结构

1.5.1　研究内容

本书基于上市公司的高管任职经历、融资约束、财务绩效、现金股利支付水平以及现金股利平稳性的数据,从国有企业和民营企业两个角度,分别研究高管任职经历、融资约束、财务绩效指标对现金股利支付水平以及现金股利平稳性的影响路径。具体研究内容包括:

(1)绪论。明确本书的出发点、预期实现的目标以及可能形成的理论与现实价值。之后,陈述本书的研究思路、研究方法、研究内容与框架结构,概述本书的核心内容。

(2)概念界定。本书涉及的要素较多,需要对相关概念进行界定,明晰本书的研究主题,以便于确定代理变量。概念包括高管任职经历、融资约束、财务绩效、现金股利政策、现金股利平稳性和股权结构等。

(3)文献梳理。对高管任职经历、融资约束、财务绩效、现金股利支付水平以及现金股利平稳性的文献进行分析,分别对高管任职经历与现金股利政策、融资约束与现金股利政策、财务绩效与现金股利政策之间的关系的相关文献进行综述,提出本书的研究思路。

(4)确定变量。结合文献的研究成果,针对要研究的特定问题,确定高管任职经历、融资约束、财务绩效、现金股利支付水平和现金股利平稳性的代理变量,同时寻找合适的中介变量和多种控制变量。

(5)实证研究。根据三种因素对现金股利支付水平和现金股利平稳性的关系,分别构建回归模型,对样本数据进行回归以验证研究假设,辅之以稳健性检验,确保结果的可靠。

(6)结果分析。本书在实证的过程中逐步进行分析,样本筛选完毕后即进行描述性统计,采用单变量分析和相关性分析对各种要素之间的关联进行初步分析,回归之后再对回归结果进行详细分析,最后呈现稳健性分析。

(7)形成结论。通过对全篇的分析结果进行总结、归纳,提出本书形成的核心结论以及所做的重要贡献。

主体内容分为三个部分。第一部分研究高管任职经历与现金股利政策的关系;第二部分研究融资约束与现金股利政策的关系;第三部分研究财务绩效与现金股利政策的关系。每部分都分为四个小节。第一节为理论分析与研究假设,分别总结高管任职经历、融资约束、财务绩效与现金股利政策的相关理论,并提出假设;第二节为研究设计,选择相关样本,对变量进行定义,并构建模型;第三节为实证结果分析,分别进行描述性统计分析、单变量分析、相关性分析、实证结果分析和稳健性检验;第四节为本部分的结论内容以及相关政策建议。

1.5.2 框架结构

本书框架结构如图1.1所示。

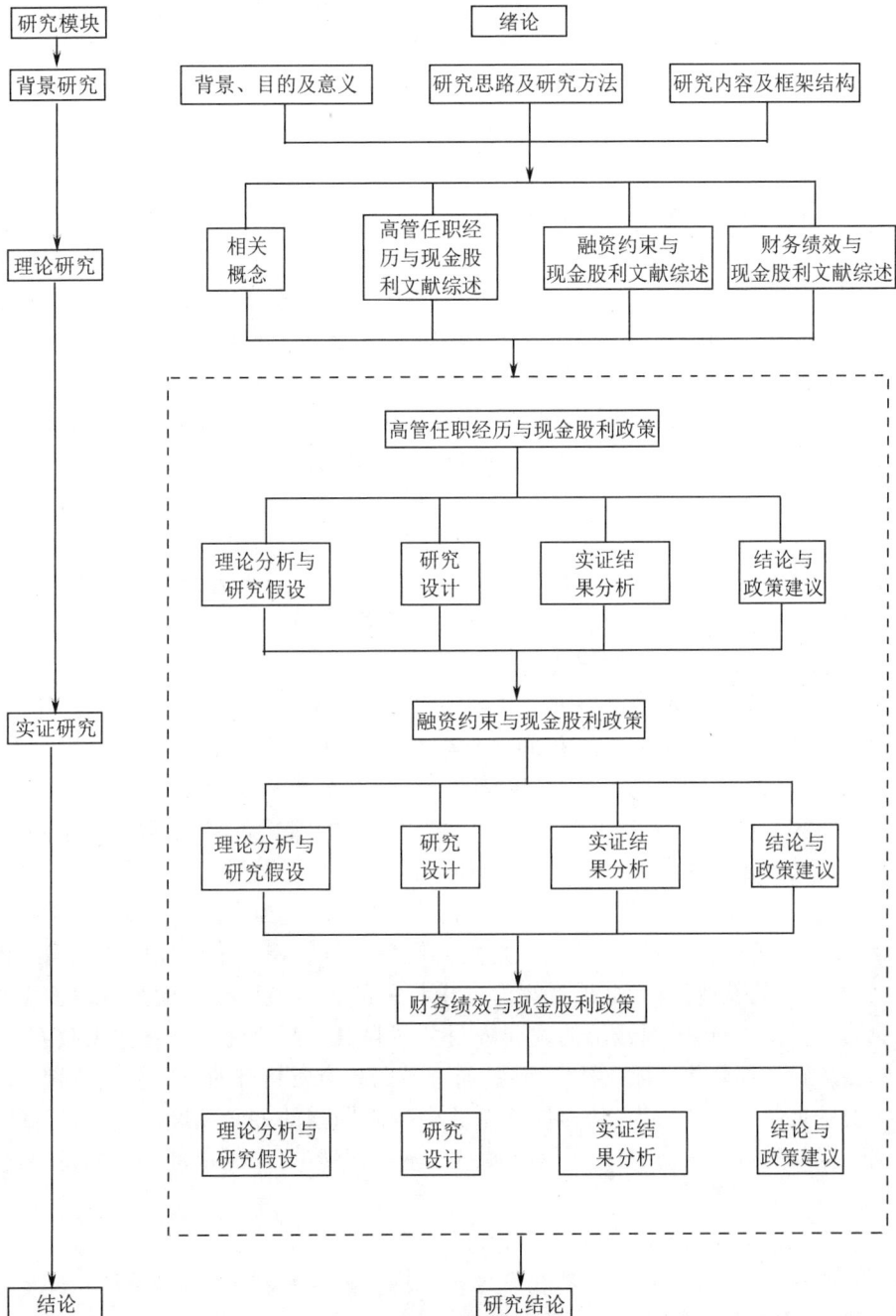

图 1.1 本书框架结构图

第 2 章　相关概念与文献综述

2.1　相关概念

2.1.1　高管任职经历

企业核心人员在人民代表大会、中国人民政治协商会议、某政党的各级代表大会担任过代表(以下简称人大代表、政协委员以及党代表)是一种社会关系的体现,具有合法性。本书涉及的高管任职经历最初起源于国外学者对于转型经济国家的研究。

2001 年就有学者从实证角度分析高管任职经历对企业产生的影响。将很多发展中国家和发达国家相关数据进行对比发现,企业高管任职经历的存在性分别与国外资本占总资本的比例和当地的法律环境呈负相关。这说明获取相关任职经历的难易程度与市场化程度有关。综观国内外关于高管任职经历的已有研究不难看出,高管任职经历并不是某一个国家所特有的现象,而是各个国家普遍存在的,且高管任职经历无论是对宏观资源配置还是对微观的企业经营行为都产生了广泛而深远的影响。

1. 高管任职经历与其他概念的区别

本书涉及的高管任职经历是一种特殊的工作经历。虽然在不同的研究背景下,学者们对于高管任职经历的内涵诠释不尽相同,但是对于高管任职经历的研究,学术界普遍存在的一个共识,就是高管任职经历与贿赂和腐败的性质是截然不同的。高管任职经历与贿赂和腐败的本质区别在于:前者是可以光明正大置于法律的阳光之下,即从法律层面来讲,高管任职经历是具有合法性的,而贿赂和腐败却不具备这一属性。

此外,高管任职经历与政治干预也存在明显区别。二者之间最大的不同在于它们的发起者以及作用方式不同。高管任职经历是指公司聘用具有相关工作经历的人员来掌管公司、助力公司未来的发展,或者是现有高管谋求相关的工作经历以帮助企业取得更加优秀的经营业绩。因此,高管任职经历的发起人是公司自身。而政治干预是指由政府发起,为了使其能够达到某种公共目标或社会绩效,通过借助政府所具有的特殊权利或控制稀缺资源等方式引导企业的管理行为,从而促使企业向政府期望的方向发展。例如,近些年来政府常强调环保与安全,致使原有的污染企业不得不进行转型,以谋求进一步的发展,这个行为便可以归为政治干预。

2. 高管任职经历概念的研究

如前文所述,高管任职经历虽然在全球范围内普遍存在,学者对高管任职经历的认定也大体相似,但不同的学者对高管任职经历的具体定义并没有达成共识。

有学者认为企业管理者与参议员存在某种程度的利益关系属于高管任职经历的一种表现。随后高管任职经历的范围被扩大了,这种利益关系的主体从参议员扩展到了首相、副首相以及财政部长。在一些国家政治竞选过程中,公司为参与竞选的候选人捐赠,也可以归类为企业的一种高管任职经历。但也有学者认为,在竞选过程中的捐赠不一定是为了获得政治影响,很可能只是出于企业对候选人政治态度的一种支持,所以单纯用企业的政治捐赠来界定高管任职经历可能使结果偏离事实。国外学者大多这样认定:若公司的高级管理人员、控股股东等可以实际影响企业决策的人,与政府机构、政府官员、国会议员等有较好的关系,就将这类公司归为有高管任职经历的一组。

高管任职经历在我国企业的成长过程中也扮演着重要的角色。国有企业一般被认为具有与生俱来的优势,民营企业则一般通过以下两种形式获得高管任职经历:

第一,企业家自己拥有相关任职经历。一方面是企业家在经商之前曾在政府任职,另一方面是企业核心人员担任过人大代表、政协委员以及党代表等职务。

第二,企业直接聘请曾担任过人大代表、政协委员以及党代表的人来公司担任高层管理者。

鉴于我国与西方国家在政治制度、传统文化等方面存在根本性的差异,国内学者根据我国的实际情况,在国外研究的基础上对高管任职经历的定义进行了补充,主要包括企业核心人员曾在政府机关担任过一定的职务,或者曾在国有银行、军队担任过重要职务,以及曾担任过人大代表、政协委员以及党代表等。在部分文献中,国家持股达到一定比例也被认为是企业高管任职经历的体现。按照使用频率来看,国内对高管任职经历最具代表性的定义是:企业高层管理人员或控股股东拥有一定的政治荣誉,或者曾经在政府部门担任过一定级别的职位。

3. 本书对高管任职经历的界定

本书所研究的高管任职经历中,"高管"限定于董事长和总经理两种角色,"任职经历"是指曾经担任过或正在担任人大代表、政协委员、党代表以及政府官员等职务。

有过此类任职经历的高管,通常受过良好的教育,并接受过多年正面氛围的熏陶,其荣誉感和责任感会非常强烈。因此,在企业中担任管理者时,他们会更加注重企业的长远发展和社会责任,对于企业所有利益相关者利益的保障程度也会更高。一方面能够直接提高企业的管理水平,另一方面能够为企业树立良好的形象,增强市场对企业的认可度,从而促进企业快速、健康发展。因此,高管任职经历会给对企业带来重要影响。

2.1.2　融资约束

1. 融资约束的成因

公司的资金来源主要包括其内部融资(资本的积累)和外部融资(资金的注入)。外部融资分为债务来源与股权来源两个方面。米勒—莫迪利安尼模型(以下简称 MM 理论)设定了很多严格的假设,在满足假设的前提下,可以得出企业的资本结构与公司价值无关的结论。如果假设成立,那么无论是内部融资还是外部融资都会形成相同的效果,企业无须对此斟酌、筹划。由此可见,公司的投资行为与融资行为是互相分离的,仅与企业的投资需求有关,因此也就不会存在融资约束问题。但是 MM 理论的假设前提是不符合实际情况的,信息不可能充分对称,人的认知永远有限,也不可能绝对理性,这会促成逆向选择和代理问题,完美的资本市场仅存在于想象之中。除此之外,由于资金的供求双方掌握信息的质与量都不尽相同,无法保证信息传递的完全有效,同时受到不可预测因素的影响,也可能造成投资的亏损,从而使外部投资者对投资回报率的要求提高。贷款、股权融资等方式也会带来交易费用,从而使企业的外部融资成本高于内部融资成本,进而形成了融资约束。

2.融资约束的概念

如前所述,在现实世界中不存在完美的金融市场,企业的外部融资成本要比使用内部资金所付出的成本高很多,企业无法完全依赖外部融资。而过度依赖内部融资也会导致企业在选择投资项目时捉襟见肘,受到限制。

事实上,在发展的过程中,几乎没有哪家公司在资金上能够做到完全的自给自足,或多或少都需要得到外部的支持。但是现实中存在的种种问题却很容易让公司在外部融资时受限,如不满足抵押条件而无法获得资金,或难以承受市场要求的过高的资金报酬率等,这种现象被称为融资约束。

3.融资约束的计量

企业在经营和发展过程中都必然会面临融资约束问题,而融资约束也妨碍了企业的发展和进步,采用确定的方法衡量企业融资约束程度便成为学者们研究的重点。其计量方法包括定量计量和定性计量。

(1)融资约束的定量计量

类似的指标还有根据长期负债与资产比率、股利支付哑变量、销售收入增长率、总资产的自然对数、行业销售增长率以及现金流与总资产比率等指标的线性组合作为外部融资影子成本的代理变量,利用 GMM 方法对欧拉投资等式进行估计,并利用估计的系数构造了的 WW 指数。但是 KZ 指数和 WW 指数的计算会受到内生性的影响,为减少内生性带来的误差,有学者首先按照每一个企业的财务状况定性的将企业划分成五个融资约束类型,选取企业规模大小和存续时间长短两个特征变量带入模型估计出计算公式,最终得到衡量公司融资约束程度的数值即 SA 指数,受到了众多学者的喜爱。除此之外,也有学者做了其他方面的探索,例如投资-现金流敏感性模型(CFSI)和现金-现金流敏感性模型(CFSC)都是受到关注的代表。有学者发现,对于比利时制造业的中小企业来说,CFSI 模型要优于 CFSC 模型。

(2)融资约束的定性计量

融资约束的定性计量指标脱离了定量计算的复杂性。已有研究采用的定性方法主要包括公司规模、债券等级、企业与金融机构的关系、控股股东的性质等。

2.1.3 财务绩效

一般来讲,企业会根据其制订的计划对其日常的生产经营活动进行监督和管理,而其最终的经营表现情况则可以通过财务绩效来衡量。因此财务绩效就自然而然地成了展现企业运营成果和财务状态的重要依据,透过数据表面也可以对企业背后的管理行为做出合理评价。目前,虽然学者们已经从多个角度对财务绩效进行了界定,但仍然存在一些争议。财务指标多至千种,难以归结出单一的权威方法。有的学者提出可以通过生产与经营所取得的最终成果对财务绩效进行定义;而另一些学者则提出企业的生产经营过程也应纳入财务绩效的范畴,而不仅仅是结果,即绩效应是企业的经营结果和活动过程效率的统一;还有学者提出,企业经营都有其具体预期目标,只有将企业自身拟订的预期收益与实际运营取得的现实收益进行对比才能确定企业绩效。

综合来讲,有学者指出,绩效主要包括三个层次:效率、效果以及适应性。其中,效率要考虑投入要素与产出要素的对应关系,考察其对比是否合乎预期;效果是指企业在自身所处行业中与竞争者进行竞争所取得的结果;适应性的层次更高一些,涉及企业管理的灵活应变水平,考核企业是否能够及时规避风险并抓住成长机会。也有学者认为绩效包括两个方面:一个方面是较为常规的企业在某期间内所取得的经营效益,即以财务数据的形式来反映企业管理层在经营公司一段期间的产出效率以及经营效益,另一个方面则是经营者绩效。

综合学者们的观点,我们可以总结出企业财务绩效的两大构成要素:

(1)公司某期间的经营成果以及对所取得成果的评价;

(2)该期间内公司管理上所体现出的效率以及对公司高管所做工作的衡量与判断。

因此,财务绩效应当可以从多个层面反映公司的管理效果,例如,公司的资金成本运用以及对于资本结构的安排是否恰当、公司的筹资能力是否足够、公司的成本控制水平是否合理等。因此财务绩效囊括了公司整个管理过程中最为重要的几个方面,是投资者评价一家公司是否值得投资的重要衡量标准。这就决定了企业财务绩效衡量的多样性和综合性,无法聚焦于单一指标。企业之间千差万别,其所制定的发展战略会因时、因地制宜。因此,企业会根据自身所处行业的特点以及未来发展的规划选取合适的财务绩效衡量标准。虽然企业所选取的衡量标准有所不同,但是财务绩效对于企业的长久健康发展仍然有着非常重要的意义,公司高管必须将财务绩效放在战略蓝图之中。

2.1.4 现金股利政策

1.现金股利政策含义

股利的具体发放形式可以有很多种,现金股利和股票股利在我国资本市场上较为常见,负债股利和财产股利也在允许的范围之内。然而,在众多股利发放形式之中,最受投资者欢迎的就是现金股利,它是投资者实现投资回报的重要形式,也是降低投资风险的重要途径。

股利政策是指企业根据税后利润对内部留存收益与发放现金股利这两者之间做出选择的策略。它的核心内容就是解决公司的税后利润分配问题。而股利政策的确定需要考虑对公司财务绩效和价值带来的影响。

股利政策一般包括四个维度:是否发放股利、发放多少股利、何时发放股利,以及是否能够连续发放股利。在激烈的资本市场竞争中,现金股利政策是公司治理效应的重要体现。如果企业能够持续、稳定地向投资者发放规模适中的现金股利,就能吸引机构投资者长期持有企业股份,进而向普通投资者释放企业稳定、经营良好的信息,降低资本市场中投机行为发生的风险,有助于企业树立自身形象,稳定公司股价。

2.现金股利政策具体表现方式

现金股利政策的外部表现都是将现金作为股利支付给股东,但是内部决策方案依然有多种选择。

(1)剩余股利支付政策。这种政策的思想源自MM理论,一方面追求完美资本结构,另一方面内源资金优先满足未来投资需求。具体来讲,如果企业认为当前的资本结构非常理想,或者未来会计期间有预期的目标资本结构,那么根据企业发展的规划计算出下一年度所需的总投资额,按照目标资本结构的要求推算出下一年度所需的总投资额中应由所有者权益解决的金额,从企业盈利中把这一金额留够,余下的部分全部作为股利发放给投资人。这种股利政策的突出优点是让企业居于锁定的理想资本结构范围之内,因为这个理想的资本结构对应的资本成本通常也较低,所以这种政策有利于资金需求量较大的企业发展,并且能够帮助企业降低资本成本。

（2）固定股利支付率政策。这种政策锁定的不是资本结构，而是当期盈余中用于发放现金股利的百分比，现金股利支付水平会与企业盈余呈现同比例变动的趋势。该种政策可以使企业的盈利与其所支付的股利维持在一个相对平衡的水平上，但是如果企业的盈利水平波动较大的话，不同会计期间发放的现金股利也会呈现巨大差别，有可能传递公司发展不稳定的不良信号，动摇投资者对企业的信心而撤走投资，致使股价下跌。

（3）固定或持续增长的股利政策。在这种股利政策指导下，公司每年现金股利支付的平稳性会非常高，表现为额度基本固定或者保持一定比例的增长。这种政策可以使投资者稳定获取股利，有利于稳定投资者的信心，进而吸引希望每年获取固定回报的投资人，从而稳定公司股价。但是这种政策不利于公司资本结构的稳定，如果公司在需要较大资金时仍然向投资者发放大量现金股利，会大幅度降低企业流动性，失去优质的投资机会。

（4）低正常股利附加额外股利政策。这种股利政策是希望综合前述多种股利政策的优点。在这种股利政策下，企业对股东有每年定额发放现金股利的承诺，但是承诺的额度比较低；同时还承诺，如果企业盈利较高，就会在原来承诺的较低股利基础上额外发放股利，保证投资人的利益。这对于期望获得稳定回报来安排后续投资或消费的投资人同样具有吸引力。这样，企业既能保持较为良好的资本结构，也能保证有较为稳定的资金流用于后续的战略发展。

2.1.5　现金股利平稳性

1. 股利平稳性的概念

股利平稳性的概念最初是由美国学者 Linter 于 1956 年提出的，他发现很多上市公司各期发放的现金股利会平缓变动，会局部地对股利支付水平进行调整，使其接近于企业目标股利支付水平，降低企业投资者因获得股利回报的减少而下调公司估值的风险。有学者认为公司高管之所以采用平滑的现金股利政策，是因为公司的现金流波动状况在很大程度上受现金股利支付水平的影响，为使公司股利波动不会完全反映其现金流水平，公司高管愿意采用股利平滑操作这种部分混同策略以保留企业内部的一定信息，同时获取需要稳定而可持续的现金股利回报的股东的青睐，以此种方式防止公司股东因不稳定的股利波动而降低对企业发展的信心，把握优质投资机会以为全体投资人创造更高的价值。

作为一种传统的公司治理机制，保持公司现金股利平稳性应是企业承担的潜在义务，也是对投资者做出的隐形事前股利承诺。维持现金股利的平稳性对于企业来讲具有重要的意义。

因此，现金股利平稳性的实质是企业管理层为了与投资者建立一种长期且稳健的"经济契约"关系，在制定现金股利发放方案时，确定一个公司有能力持续发放的现金股利水平，并在今后较长时期内尽量维持该水平，减少波动的行为。

由上述内容可以看出，现金股利平稳性的内涵随着时间的推移逐渐得到丰富，但是其核心内容依旧是围绕着公司的经营、稳定企业投资者对公司的绩效预期等进行界定。此外，从企业内部的管理逻辑来讲，现金股利平稳性实际上是指纵向上公司的现金股利支付水平起伏变化的状态，它本身能够起到协调公司与投资者利益关系的作用。

我国资本市场起步较晚，至今仍不够完善，市场中的投资群体相当不成熟，资金经常不聚集于价值，而是聚集于趋势。为了引导市场，促使投资群体行为走向成熟，我国对上市公司的现金股利政策进行了多维度的规范,非常典型的是前文已经提及的"半强制分红"政策。因此,实施平稳的现金股利政策符合现阶段我国资本市场的发展要求,有利于提高上市公司整体的治理水平。

2. 现金股利平稳性的影响因素

学者们从多种维度探究了影响现金股利平稳性的因素,但国内对于现金股利平稳性的影响因素的研究多数还是集中在人员因素、公司因素以及环境因素等方面。

首先,事实上人员因素重点指的是企业管理层。普通员工对现金股利政策的影响能力微乎其微。相关研究得出了确定的结论,即管理层在一定程度上会影响现金股利平滑行为。例如,公司高管往往认为公司的外部融资成本要远远高于内部融资的成本,从而倾向于内部融资。公司高管的社会资本也会在很大程度上影响企业的现金股利平稳性。尤其是对于融资约束较强的企业来说,其社会资本对于现金股利平滑的作用更为明显。

其次,从公司因素层面来看,信息不对称会导致公司产生融资约束问题。根据国外学者的研究,该因素同样会影响现金股利的平稳性。股利信号理论已经证明,现金股利政策具有信号效应。一旦企业提高股利支付率,外部投资人会感知到公司的盈利水平得到了明显改善,还能说明企业的资金周转情况较好,也约束了管理层过度投资的行为,这进一步降低了代理成本,有利于改善股东与管理层的代理关系。但不同于股利信号理论,有学者认为,企业管理者在向外界释放信号时不会将所有信息都向投资者披露,而公司对外披露的信息数量会与公司现金股利的稳定程度呈现反比趋势。综上所述,公司与投资者之间永远存在信息不对称的问题,而现金股利平稳性是解决这一问题的途径之一。当其他途径解决信息不对称程度相对较弱时,上市公司就会更加偏重这一工具。

最后,从环境因素来看,行业、税制、利率、法律、文化等要素都会对现金股利平稳性产生影响。企业所处行业的竞争激烈程度会对企业现金股利的平稳性产生较大影响。行业内部竞争水平与公司的现金股利平稳程度呈正比关系。从制度因素来看,国外学者研究不同国家上市公司的现金股利平稳性,发现税制是其中重要的影响因素之一。此外,公司不同股权的构成比例以及金融利率等都对现金股利平稳性产生显著影响。也有学者引入了法律制度这一因素来探索现金股利平稳性,之后又扩展到当地文化的问题,现金股利平稳性的研究内容得到进一步丰富。

2.1.6　股权结构

股权代表了公司股东在公司所享有的话语权以及在公司经营期间所能获取的相关利益的权利。通常来讲,股权结构表示公司中的各种不同性质的股份在其中所占据的份额以及它们之间的关联。持股份额直接影响股东的分红比例以及股东所享有的控制权,进而影响公司的经营管理方向和未来的战略部署。

国内学者对于股权结构概念应该如何确定也有许多分歧。有学者提出,可以通过公司股东所持股份比例和股权构成两个方面来衡量公司的股权结构;也有学者认为,股权结构可以从三个方面进行分类,分别是股权集中程度如何、股东类型如何以及各类型股东所持有的股份比例如何。综合来讲,现有文献多数按照股权性质如何、股权制衡度如何以及股权集中度如何三个角度对股权结构进行界定。本书也将秉承这一思路。

1. 股权性质

股权性质是指公司股东所享有的股权的属性。当前,国内和国外对于股权性质的划分存在着细微的分歧。国外学者根据企业内、外部持股人身份的不同将股权划分为内部人股权和外部人股权。内部人股权是指企业内部员工所持有的股权，外部人股权则是采用了排他性角度定义，即非内部人股权。而国内学者考虑到我国国情的特殊性，将股权性质分为国有股权、法人股权、流通股权等。从字面意思不难看出，国有股权是指由在国家背景下成立的单位进行投资所拥有或控制的股权；法人股权一般是为企业所拥有或控制的股权；流通股权是活跃于证券市场且可以随时进行自由交易的股权。

2. 股权制衡度

通常来说，如果企业的大股东以某些正当或非正当手段损害公司中小股东利益，这种情况最终必然导致公司整体利益受损。因此，为避免出现这种"隧道行为"，公司通过股权安排，使企业股东之间形成一个内部牵制体系，促成股东彼此的制约，避免大股东按照自身意志侵害中小股东利益的设计就是股权制衡。而公司股东之间互相牵制的程度就是股权制衡度。提升股权制衡度可以让企业中任何一个股东都无法独立掌控公司的生产、经营。股权制衡度越高，规避企业管理层机会主义行为发生风险的程度就越高。

3. 股权集中度

衡量上市公司股权分布状况的一个重要指标就是股权集中度，它说明了上市公司股东在企业中话语权及利益分享权的分割比例。股权集中程度的不同也会导致公司治理结构的不同，同时会影响企业的利润分配决策。通常来说，企业的股权集中度都是以公司的前若干位股东所占的股份份额来确定的。如果企业股东仅有一人，股权集中度达到极值，那么该公司处于单一股东的绝对控制之下。大股东的权利越大，越容易滋生出"剥夺型"治理问题，加大公司经营风险；如果企业拥有多位股东，而多数股权聚集于少数几个主体，那么可以认定为股权相对集中，相对集中的少数主体之间会形成一定的制衡，此时的企业拥有数名掌舵者，他们共同参与企业经营决策，控制着企业的整个战略方向；另一种可能是企业股权没有任何聚集特征，所有股东持股比例都较低，对企业不具有决定性的影响，无人参与企业重要经营决策，进而引发"代理型"治理问题。通过以上分析可以知道，企业的股权集中度对企业经营的影响呈现 U 形特征，把握适宜幅度可以充分发挥机制优势，促进企业良性发展。因此学者普遍认为，只有企业的股权集中度维持在一个较为合理的水平，才能降低企业的经营风险，企业才能做出合理的经营决策。

2.2 高管任职经历与现金股利文献综述

虽有学者对高管任职经历和现金股利之间的关系进行过相关的研究，但路径各异，观点不尽相同。从研究样本来看，国内研究多数针对民营企业；也有一些文献的研究样本既包括民营企业也包括国有企业；少部分研究只针对国有企业。关于高管任职经历如何影响现金股利支付水平，已有结论，主要分为两方面：一方面支持高管任职经历可以促进现金股利的分配；另一面支持高管任职经历抑制了现金股利的分配。

2.2.1 高管任职经历与现金股利的关联

不确定性的存在是提高企业决策价值的重要因素，高管任职经历大大增加了企业决策的价值。总体看来，如果一个企业能够拥有高管任职经历这一背景，无论是在筹集资金，还是寻找供应商、代理商等上下游合作企业时都更加便利，即能够促进企业在优势资源的加持下形成更好的发展态势。有学者检验企业流动性与高管任职经历的关系,发现持有现金的许多动机在高管任职经历的作用下减少了。因此,高管任职经历是影响上市公司现金股利政策选择的重要因素,在其他条件相同的情况下,存在高管任职经历的上市公司更可能采取现金股利方式与股东分享收益。甚至拥有高管任职经历背景的民营企业发放现金股利的概率也显著高于不具有高管任职经历背景的企业。并且随着高管曾任或现任职位级别的升高,企业采用现金股利支付方式的比例也随之上升。

改变现金股利政策的代价可能是巨大的,小股东虽然不能够对企业决策产生决定性的作用,但他们会决定自己资金的注入或撤出。金融市场上的投资人会关注股利的发放形式和数量。而一旦具有高管任职经历背景的企业为了降低不确定性带来的损失而减少现金股利的发放规模,市场上的投资者很可能认为企业经营出现问题,甚至陷入了财务困境,从而选择抛售自己所持有的股份,使得企业的股价大幅下跌。

但是学者对于高管任职经历与现金股利的关系也有不同的观点。例如企业可能雇佣超过许用数量的员工,进行大量公益性的投资等。在市场化水平较低且经济发展较缓慢、法治水平也比较低的情况下,高管任职经历与现金股利可能呈显著负相关。如马来西亚具有高管任职经历的公司就倾向于支付较低的现金股利。

一些西方学者主要以总统或州长的选举为切入点,探究政治职位的不确定性对与之有密切关联的企业会产生怎样的影响。具有高管任职经历背景的企业在选举期间一般不会进行大规模的投资活动,其决策都非常谨慎,一旦与企业有着密切关系的官员选举失败,会对企业造成严重的不利影响,这些都会成为企业现金股利支付水平和现金股利平稳性决策时考虑的重要因素。西方政府主要任职人员的变动意味着管理方式或者理政风格的变化,通常会带来政策的变更。一个企业如果具有很大的不确定性因素,其利益相关者、证券机构等市场参与者都会提高其风险评估值。

2.2.2　企业筹资要素形成的影响

在金融市场上,需要资金的经济实体所掌握的信息与拥有资金的银行等金融机构所掌握的信息存在差异。公司在从外部筹集资金的时候容易受到不同程度的信贷配给约束,而在此种情况下,具有高管任职经历背景的公司更能够凸显出其优越性。高管任职经历对企业外部筹资的影响可以归结为两大效应:资源禀赋效应和信息传递效应。优质资源优先配置给具有高管任职经历背景的企业,新的政策信息被第一时间传递给具有高管任职经历背景的企业。优质资源优先配置以及信息传递超前两因素足以成为企业发展的核心竞争能力。具有高管任职经历背景的企业可能拥有更多的投资回收期较短且盈利能力较强的投资项目,也可能花费更低的成本中标,这也为资金持有方节约了背景调查等相关费用支出。高管任职经历在一定程度上可以看作高盈利能力、强营运能力以及高信用度的代名词。此外,具有高管任职经历背景的企业,相较于没有高管任职经历背景的企业更容易获得各种政策支持。这向金融市场参与者传递了有利于企业用资的信息,大大巩固了企业筹集资金的主动地位。这主要是资金提供方和企业之间信息相对对称的结果。

如果时任甚至历任董事会成员中有相关任职经历的人员,那么相较于同水平的其他企业来说,该企业在融资方面就会比较有优势。企业所在地区资本市场有效性强度越低,经济发展速度越缓慢,相关制度越不完备,执行越不到位,在资金获取方面,高管任职经历背景的优势就会更加明显。故高管任职经历对缓解公司筹资压力有很大的积极作用,进而间接影响公司的现金股利分配倾向。研究表明,企业所受到的融资约束水平与其对股利支付方式的选择以及股利发放数量和稳定性有着显著的负相关关系。拥有高管任职经历的企业由于其经营的改善和良好的形象可以在一定程度上降低融资约束程度,能够更容易地获得资金,所以这类企业更倾向于发放现金股利。

从金融机构的角度来讲,银行等金融机构会认为具有高管任职经历背景的企业即使经营出现困难,也能够获得多方资金援助,贷出的资金也就有更大的概率能够如期、全额被偿还,企业违约的风险相对较低。实证研究证明了具有高管任职经历背景的企业的股权融资成本、债务融资成本均较低,这是企业被信任的结果。因此,具有高管任职经历背景的企业往往能够获取利率较低且还款期限较长的资金使用权利。市场上的中小投资人也更愿意以购买股票的方式为具有高管任职经历背景的企业提供资金,这在很大程度上促进了企业资源利用效率的提高。具有高管任职经历背景的企业可以以较低的投入获得更多产出,提升企业实现经营目标的能力,最终增加企业价值,积累现金流,使得企业更愿意也更有能力向股东分配现金股利。

即使在印度尼西亚、马来西亚和泰国这样经济欠发达的国家,具有高管任职经历背景的企业比没有高管任职经历背景的企业更有机会通过增加债务的形式筹集资金。在巴西境内,如果一个企业在竞选捐款中捐赠的金额越多,那么该企业就越有可能得到私人的贷款,因为竞选捐款会直接影响竞选公职候选人的影响力。一旦被捐赠的对象竞选成功,那么该企业便有了类似高管任职经历这一隐性优势,不仅能树立良好的企业形象,还能为其资金的筹集提供便利。同时,高管任职经历不仅为企业节省了用资成本,还促进了市场资源的合理有效配置。有学者分析了第二次世界大战前日本的高管任职经历背景企业,证明了新获得高管任职经历的公司的股票回报从选举前到选举后的时期内都得到了很大改善,可见高管任职经历可以发挥它特有的作用。

高管任职经历甚至能够使企业产权得到更有效的保护,这也让企业拥有了选择筹资方式的自由。这样的自由不仅有利于企业调整资本结构,也有利于企业价值的提升。

我国民营企业所具有的高管任职经历背景同样可以为企业在许多方面提供便利,其中,在企业筹集资金方面尤为显著。甚至没有高管任职经历的民营企业,当其在政府举办的慈善活动中有较多的参与感时,企业便更有可能成为银行等资金持有方的首选贷款对象,这在很大程度上为企业的发展带来了优质资源。具有高管任职经历背景的民营企业会更容易摆脱融资困境,其发展态势相对较好。这样,具有高管任职经历背景的企业也会倾向于发放较高额度的现金股利。这就使得企业有机会进一步得到股东的注资,为企业扩展经营提供可能,也为企业涉足新领域减少资金壁垒。

关于高管任职经历的作用也有学者提出了不同的意见,这主要是国外的学者基于国外制度环境得出的结论。在巴基斯坦,具有高管任职经历背景的企业在同一时期内所获得的借款资金规模相当于无高管任职经历背景企业的两倍。令人意外的是,具有高管任职经历背景的企业出现无法如期偿还银行资金的比例比无高管任职经历背景的企业大约高出50%。由此看来,高管任职经历的加持并非万能的,有时甚至起相反的作用,不利于地区整体经济的发展。其他西方国家的学者也发现银行的坏账大多是提供给存在高管任职经历背景企业的贷款,这也就表明了高管任职经历在资本的配置方面产生了不利的影响,损害了总体经济。如果仅凭高管任职经历背景而不论企业本身状态如何、项目前景如何便将资金借出,会影响整个地区资源的配置。

2.2.3　优惠政策要素形成的影响

许多学者对高管任职经历带来的效应持相同的观点,即认为高管任职经历对企业获得来自政府的救助以及相关部门的税收优惠大有帮助。目前我国的市场经济已经拥有比较高的水平,但政府对市场运行仍有很大的话语权,而资源对企业的成长来说十分重要,政府不仅可以以宏观调控的方式对市场资源进行配置,还能够通过政策性文件调动资源。如果一个企业具有高管任职经历背景,往往说明该企业经营合乎规范、投资效率更高、财务业绩更好,因此便更有可能获取资源的优先配置权。高管任职经历能够为企业提供更加前沿且准确的信息,弥补企业经常出现的信息不对称等短板问题。受到高管任职经历的影响,企业对优惠政策的理解更为深入,反映更为迅速,也更容易满足优惠政策扶持的条件。20 世纪 80 年代后期,企业已经开始凭借高管任职经历的存在享受了相当大额度的税收减免优惠政策。相比较之下,具有高管任职经历背景的企业不仅能够花费更少的申请成本享受到相关税收减免政策,而且其自申请至政策落实所需要的时间也远远短于无高管任职经历背景的企业。这充分说明了具有高管任职经历背景企业运行的高效特征。

如果一个地区的企业享受优惠政策后的税款仍然占企业支出费用的大部分,这说明具有高管任职经历背景的企业更有可能得到优惠税率以外的额外优惠政策,例如能够获得政府提供的购买大型设备等固定资产的补助金。同样具有高管任职经历的企业,因其所处地区的税外负担不同,实际获得的税收优惠额度也会差别很大。如果企业所在地区税外的负担比较高,那么不论企业何种层级的人员曾具有或者现具有高管任职经历背景,该因素的存在都会成为降低企业实际税务负担的工具。

一般来说,当国家政策发生变动时,具有高管任职经历背景的企业相较于其他企业而言具有一定程度的信息优势,能够及时理解政策变更的信息以及未来的政策走向。企业一旦利用了这些有用的信息,便能够更加准确地调整企业的经营决策、投资决策,降低试错成本,提高企业形象,向大众传递企业具有很强的应对能力的良好信号,获取大众的信任,并且具有任职经历的高管职位越高,体现出的优势也就越强。

2.2.4　宏观环境要素形成的影响

我国早已在宪法中对个人以及企业的权利保护有了明文规定,但各个地区的发展水平参差不齐,制度在各个地区的执行情况也不尽相同,企业一旦有了高管任职经历的背景,便能够充分利用相关的保护政策。

国外的研究发现,当企业处于政治时局摇摆不定的时期时,难以从银行等金融机构筹集资金补充现金。无法"开源","节流"便成了企业的最佳选择。具有高管任职经历背景的企业面临政治时局不确定性时,大多会将原有的高强度现金股利支付方式调整为低强度的现金股利支付,或采用暂时停止发放现金股利的政策。当经济处于剧烈变动时期时,相关的法律制度往往无法追随经济变动的步伐,或者即使相关的法律制度存在,也无法得以有效实施。在此期间,具有高管任职经历背景的企业更容易得到有效的保护。在这种情况下,高管任职经历不仅能够减少市场参与主体对企业产权可能带来的危害,还能降低银行等资金持有方对企业的不信任程度,从而在一定程度上降低企业在经营过程中可能出现的风险,为企业的快速、高质量发展保驾护航。

具有高管任职经历背景的企业能否直接或者间接由此获益,能否比其他同水平的无高管任职经历背景的企业获得更大规模的银行借款,或者能否从各资金持有方手中获取更长期的资金使用权,在很大程度上取决于企业所在地区市场运行的有效程度和金融市场是否处于有效发展阶段等多重因素。在金融市场无效或弱势有效运行时,高管任职经历能够为民营企业的发展提供机会,在一定程度上缩小民营企业与国有企业在自身资源方面的差距,减少尚待完善的市场管理制度带给民营企业的负面影响,使得民营企业也有机会享受政策倾向。

2.3 融资约束与现金股利文献综述

融资约束背后的驱动因素可以简单地概括为信息不对称和融资费用两大要素。融资约束程度大的公司在内部资金的分配和使用上受到的限制更多,它们经常需要针对现有的资金在经营、投资和现金股利分配等问题之间进行权衡。因此,融资约束问题对企业的现金股利支付水平以及现金股利平稳性会形成重要影响。

2.3.1 融资约束与现金股利支付水平

1.融资约束与现金股利支付水平的关系

(1)融资约束与现金股利支付水平呈负相关

企业的内部信息无论通过何种方式也不可能完全被外部投资者了解,资金成本较低的内源资金就会成为高融资约束公司制定投资决策时的首选资金来源。即使其自由现金流相较于其他公司更为充沛,也不会贸然将大量资金用于支付现金股利。企业受到的融资约束程度越高,在进行投资决策时面临的资金压力也会越大,若仍然坚持现金股利的发放必然令其现金流水平进一步降低,从而不得不牺牲一些投资项目而降低企业的发展速度。

此外,发放现金股利还会导致上市公司负债水平攀升。将有限的资金用于发放现金股利会引起高融资约束公司陷入财务困境的可能性大幅度提高。而当一个企业所受到的融资约束程度很低时,企业会提高其现金股利的支付水平。这说明现金股利支付水平对剩余内部资金量有较强的解释能力。现金股利支付水平与公司外部融资难度呈反比例特征。即使考虑代理成本和融资约束问题的共同作用,也依然没有改变这种特征。

为进一步明晰融资约束与现金股利之间的关联,学者们在研究中引入了多个变量。有学者用分析师人数代表企业外部信息环境,发现这一要素会与企业面临的融资约束程度呈负相关关系,也会因此提高企业现金股利的支付水平。家族控制的企业融资约束程度显著强于非家族控制的企业,因此家族控制企业的现金股利支付水平相较于非家族控制企业更低。但家族控制企业依然可以通过化解信息不对称及代理问题降低融资约束水平,对现金股利支付水平产生一定的正向作用。

(2)融资约束与现金股利支付水平呈正相关

在资本市场有效性较弱的前提下,上市公司会将现金股利支付作为树立企业形象并提升社会影响力的工具,因而会导致两者出现正相关态势。也就是说,融资约束程度较高的上市公司会借助高现金股利支付水平向投资人传递企业未来盈余会显著改善的信号。而当上市公司管理层存在过度自信问题时,融资约束会在管理者对未来的理想预期前提下损失掉原有的功能,公司并不在意资金的压力而依然会提高现金股利支付水平。

（3）融资约束与现金股利支付水平相关性不确定

支付高额的现金股利虽然具有传递良好信号并缓解代理问题的优势，但是这种优势很可能被内源融资与外源融资的成本差抵消，因此在多种因素的干扰下，融资约束与现金股利支付水平的关联关系并不是确定的。

2. 与融资约束相关的现金股利支付水平影响要素

（1）约束性政策

当管理者意图提高所掌控的现金流而减少支付给股东的现金股利时，法律政策能够发挥明显作用，管理者不得不履行发放现金股利的义务而减少对投资者利益的侵害。2008 年我国的再融资政策出台后，融资约束程度较高的公司现金股利支付意愿变强。即使对政策是否存续、程度高低、覆盖时间等要素进行细分以考核对现金股利支付水平的影响，也同样证明了约束性政策与上市公司现金股利政策的显著相关性。但是也存在部分上市公司为迎合政策而偏离最优决策的现象，特别是发展速度较快、杠杆程度较高的企业，这类企业将大量资金用于支付现金股利之后，资金明显不足，经营效率降低，而股东获得的现金股利水平却提高了。

（2）货币政策

公司个体行为与外部经济环境密切相关，货币政策也会影响企业现金股利政策的制定。货币政策紧缩时期，不但企业获取资金异常困难，企业的经营业绩也会受到打击，这会造成巨大的信贷竞争压力，恶化融资环境。因此，在这种环境下，企业会主动减少现金股利的发放、降低负债水平以应对外部风险。特别是杠杆水平较高的上市公司会大幅度降低现金股利的支付。此外，规模较小的公司更容易受到货币政策的冲击，其投资决策受到货币政策的干扰程度相较于大规模公司也更加强烈。

（3）经济周期

企业任何经营管理活动都置于宏观经济环境之下，现金股利政策也必然要适应经济周期的要求，而经济周期作用的发挥也需要借助企业的微观制度。在经济下降期，上市公司支付现金股利的意愿明显降低，即使选择支付股利，也通常会采用以股票股利的方式节约现金。

（4）银企关联

银企关联能够缓解企业的融资约束，这一缓解功能通过三条路径得以实现：一是银企关联本身就是方便的融资通道，银行的信贷资源可以方便、快捷地注入关联企业；二是银企关联具有信号传递功能，非关联银行对存在银企关联企业的信用评估会有所提高，从而企业也相对容易从其他银行获取资金；三是银企关联企业容易获得金融专业人士的帮助，使融资方案得到优化，通过审批的可能性也大幅度提高。因此，银企关联能够有效缓解货币政策和经济周期等要素对现金股利支付水平的抑制作用。

2.3.2　融资约束与现金股利平稳性

与融资约束相关的、会影响现金股利平稳性的要素包括代理问题、信号传递、市场监督、股权结构以及股权激励等多个方面。

1. 代理问题

有学者从代理问题出发，得到了融资约束与现金股利平稳性显著负相关的结论。多数学者认为，较为平稳的现金股利支付政策能够通过缓解代理问题保证中小投资者的利益。

但是,也有学者认为,管理层保持现金股利平稳性可能是为了获取融资优先权以更加方便寻租。因此,有学者发现现金股利平稳性的倒 U 形功能,即当上市公司现金股利较低或较高时,能够较好地抑制代理成本的不良影响。

2. 信号传递

根据信号传递理论,现金股利可以向外界传递公司治理效率的信号,因此现金股利的平稳性可以很好地反映公司内部的情况。投资者通过感知这种信息推断公司盈利状况,以制定进一步的投资决策。

3. 市场监督

市场监督程度对于现金股利平稳性有着显著影响。我国上市公司现金股利平稳性存在明显的差异,整体水平具有平滑特征,但是少数企业各期现金股利离散性较强。有些有融资需求的上市公司为了达成"门槛"会突击发放现金股利,从而导致现金股利平稳性大幅度降低。我国在"半强制分红"政策之下提升了监管的水平,在一定程度上缓解了这一问题。

4. 股权结构

大股东侵占理论和代理理论是研究股权结构对现金股利平稳性影响的主要依据。其中,大股东侵占理论在分析控股股东和中小股东之间的代理问题方面得到了学者们更多的应用。股权的构成不同所形成的代理问题也就不同,因此股权结构可以成为一个中介要素,作用于融资约束与现金股利平稳性之间的相关属性。有学者实证发现,股权高集中度的公司,其现金股利平稳性却相对较低。

5. 股权激励

如果上市公司对管理层进行了股权激励,那么就可以将管理者的利益与股东拉近,降低代理问题的破坏性影响,公开的方案便成为明确的信号,信息不对称问题也能得到缓解。而股票期权的方式具有替代薪酬的功能,使企业对内部资金的依赖降低,在融资时可选择的空间增大、成本降低,在一定程度上解决了融资约束问题,降低融资约束程度也促成了现金股利的平稳。

2.4 财务绩效与现金股利文献综述

2.4.1 财务绩效对现金股利的影响

现金股利政策是公司多种决策要素综合博弈后的结果,忽视其中重要的博弈要素很可能导致现金股利政策的失败。参与我国上市公司现金股利政策博弈的多种要素中,较为重要的财务绩效要素包括盈利能力、发展能力、偿债能力、营运能力以及其他控制要素等。

1. 盈利能力

从股利支付的理念角度出发,盈利能力应是制定现金股利决策时需要考虑的首要要素。盈利公司比亏损公司更倾向于采用现金股利的方式与股东分享利润。相反的观点发现,资本市场也存在大股东为了套取现金而迫使盈利较少的企业发放高额现金股利的现象。

市盈率对现金股利支付水平的影响程度也相对显著,市盈率较高的上市公司投机属性凸显,这会导致投资者因股价上涨而被获得的资本利得吸引,进而忽略现金股利支付水平。

也有学者对市盈率的效果持相反的观点,他们认为市盈率高的企业更倾向于发放现金股利。市盈率本身与企业的投资价值相关,企业的市盈率较高时会通过发放现金股利的方式降低市价,从而降低市盈率以吸引以市盈率指标为投资决策依据的投资人,使得企业的投资价值增加。

2. 发展能力

关于发展能力对现金股利支付水平的影响,学者们的分析结果也不尽相同。

有学者认为企业在维持发展速度方面存在惯性,若企业历史增长率一直保持较高水平,则该企业会为了维持这一成长特性而将可支配现金更多地用于新的投资项目,从而长期保持较低水平的现金股利支付政策。

持相反观点的学者认为当公司一直保持良好的成长能力时,管理层对未来现金流入水平通常会持乐观态度,则更倾向于将富余的可支配现金用于股利的发放。

3. 偿债能力

偿债能力代表企业的生存能力,是股利政策的重要博弈要素之一。负债水平从两个方面影响现金股利政策:一是债务的期限,如果企业签订了长期债务合同,那么该合同条款会限制公司现金股利的支付水平,企业将被迫采取低现金股利发放政策;二是债务的规模,如果企业存在需偿还的高额债务,那么在选择偿还方式时,企业通常会在借新债还旧债、发行新股、利用保留盈余三种方式中选择成本最低的保留盈余还债,此时企业会主动地降低现金股利支付水平。资产负债率高的公司往往预示着企业财务状况窘迫,企业会将收益留存以改善经营状况,保证企业持续经营。

具有较强偿债能力的企业,会更受到股东的青睐而吸引充足的资本金,能够通过大幅度降低财务风险而对债权人利益实现更高保障,企业会更倾向于支付较高水平的现金股利。

落实到具体指标上,货币资金的存量和可供分配的利润能够共同决定现金股利的支付水平,对其形成正向影响。可以看出,学者们对现金流量水平与现金股利分配的相关性与方向的观点普遍一致,但对于现金流量指标的选取还存在差异。有人认为,只有每股货币资金是现金股利支付水平决策博弈要素中最重要的指标。但也有人认为,这一指标在现金股利支付水平决策中的作用随年份不同而存在差异。

关于偿债能力的影响,同样有学者提出了相反的观点,即资产负债率与现金股利支付水平呈同向变动。这种现象在"半强制分红"政策的背景下出现,可以解释为公司想凭借高分红水平进入再融资的"绿色通道"而缓解债务压力。

4. 营运能力

资金周转速度快、资产利用率高是营运能力强的标志性体现,这一经营特征产生的收益和资金的结余给现金股利的发放提供了空间。

然而,也有学者认为营运能力体现的是公司长期、充分利用已有资源创造较高收益的能力,而现金股利政策的博弈要素中,当期或短期内盈利能力作用更大。这可能是因为多数上市公司登陆资本市场的时间较短,将现金留存以扩大经营规模的意图明显,因此现金股利支付水平并不随营运能力的变动而变动。

学者们得出不同结论的原因可能在于,时间和环境是决定营运能力与现金股利支付水平相关性的重要因素。

5. 其他控制要素

(1)企业规模

关于企业规模对于现金股利政策的影响,学者们也得出了截然不同的结论。

有学者发现,规模较小、有扩张需求的公司更倾向于保留更多的留存收益或发放股票股利,而对现金股利的支付则持有谨慎态度。规模较大的上市公司短期内无法实现大幅度增长,为了保证股东的利益会倾向于发放高额现金股利。

也有学者认为公司规模与现金股利支付水平呈显著负相关关系。这是因为小规模公司易受市场环境的影响,当市场环境转暖时,成长性较好的小规模公司的业绩更容易跨越性增长,进而提升现金股利支付水平。

(2)股权结构

控股股东由于所持非流通股无法通过股权流通获益,因此有利用支付大量现金股利而向自身输送利益的动机。在治理薄弱、监督不到位的情况下,大股东能够通过影响企业的现金股利政策做出侵害中小股东利益的行为。也有学者发现,现金股利支付水平会随着国有股比例的提升而降低。

(3)流通股比例

在我国的证券市场中,中小投资者作为参与主体,投机性较强,通常不关注现金股利。而在流通股比例较高的企业中,往往大股东掌握话语权,倾向于将利润留存或者因自利目的而侵占资金,从而导致现金股利的支付水平下降。

2.4.2 现金股利对财务绩效的影响

1. 现金股利与财务绩效具有显著关联

(1)代理理论角度论证的现金股利与财务绩效的关系

很多学者认为代理成本始终是所有者与经营者、控股股东与中小股东之间博弈的焦点。现金股利的发放削弱了企业内部现金流,管理者在进行日常决策中对现金流的支配能力降低,在职消费、过度投资等空间被明显压缩,进而缓解代理问题。从监管的角度来讲,内部现金流减少后的资金来源很可能是外部融资,外部资金在关注自身利益的驱动下会主动对企业进行监督而实现代理成本的降低。除此之外,现金股利的发放对财务绩效的作用还表现为在理顺内部关系的前提下提升企业投资效率。值得注意的是,上市公司现金股利支付水平一旦超出自身能够承受的范围,其作用会逆转,进而给现金流带来巨大压力的超额现金股利发放行为会提升企业代理成本,并造成财务绩效下滑。

①现金股利发放借助代理冲突缓解而正向影响财务绩效

两类代理成本能够作为现金股利影响上市公司绩效的中介传导因素。因为股东控制程度与现金股利支付水平具有同向变动关系,若控制权主要掌握在经理人员手中,则其会倾向于利用在职消费等手段满足私利,而管理层在职消费问题会给现金股利发放和企业财务绩效带来沉重打击。因此真正意义上的公众持股公司的股东可能受到的利益侵害程度更高,经理人员的自利程度也更高。如果股东能够通过发放现金股利,适度地减少经理人员可掌控的现金水平,资金浪费的情形可在一定程度上避免,进而降低对股东利益的侵害程度。我国上市公司管理者与所有者之间的代理问题较为突出,在管理者控制程度高的公司中,所有者更热衷于发放现金股利。而现金股利的增加会使得企业的筹资机会增加,进而促使管理层受到外部权益主体的监督,企业绩效会随着管理层与股东之间矛盾的弱化得到提升。

企业现金股利政策通常与持股比例较大股东的意志有关,代理问题的存在让中小股东的利益无法得到保障。上市公司控股股东拥有股权份额较大时,侵害小股东利益的动机明显增强,这一动机的体现方式可能是虚构投资机会,即将企业可控现金流转出以损公肥私,发放较高水平的现金股利可以抑制这种动机。而企业的成长机会和平稳性的现金股利支付也可以在一定程度上缓解这一矛盾。

综上所述,代理理论在我国资本市场具有突出的适用性。在我国上市公司中,公司治理水平与现金股利支付水平呈正相关关系,从这个角度出发,能够体现现金股利对于代理冲突的弱化功能。因此,提高现金股利支付水平可以提升企业财务绩效。

②现金股利发放借助内部控制质量而双向影响财务绩效

有学者将现金股利发放与内部控制两个要素结合,发现内部控制能够通过影响现金股利的治理收益与支付成本,来决定现金股利的利与弊。这当中存在一个关键的阈值:当内部控制质量高于阈值时,现金股利支付呈现"利"大于"弊"的状态,有助于提升企业绩效;但是当一个企业内部控制经常失灵、质量低于阈值时,现金股利支付则会呈现"弊"大于"利"的状态,导致企业财务绩效的恶化。

③现金股利发放通过管理层能力和独立董事履职双向影响财务绩效

企业发放现金股利取得的效果会受到管理层能力的影响。现金股利发放的直接效果是压缩了自由现金流,但是压缩后的现金流能否被管理层充分利用以把握优质投资机会提升企业财务绩效,其结论并不是确定的。若管理层能力较强,现金股利发放能够体现出良性效应,通过信号理论和代理理论的经典结论可以增强企业的价值创造能力;但是若管理层能力较弱,现金流窘迫后反而会将企业推向危险的边缘。而独立董事履职有效性越高,现金股利对绩效的提升作用越强,且独立董事会出于保护中小股东利益和减少"内部人控制"的目的而增加现金股利的发放。

(2)信号传递理论角度论证的现金股利与财务绩效的关系

学者基于信号传递理论研究发现,股利分配政策能够向外界传递企业经营情况的信号。上市公司普遍将现金股利平稳性作为政策导向,会在内部现金流不充裕的前提下继续保持原有水平支付现金股利。只有判断公司未来财务业绩会在较长时间范围内持续提升时,公司才会考虑改变现有的现金股利平稳性趋势而提高现金股利支付水平,根据这一分析过程可以推断出现金股利政策可以向外界传递未来财务趋势的具体信息。首次支付现金股利通常意味着未来财务业绩的攀升,而一旦出现中断现金股利支付的情况则意味着企业的财务业绩显著下滑。现金股利支付水平越高、越稳定,预示着企业拥有着现金流水平越高,经营状况越好,管理层对企业未来的发展充满信心,而股利的变化能够传递未来几年盈利水平的信息。需要融资的企业也会通过发放现金股利的方式传递良好的业绩信号,以实现持续增长的目的。

上市公司的股价会在公司发布股利公告时产生波动,这意味着股利公告向投资者传递了信息,或者投资者会从股利公告中挖掘信息,从而通过股价的波动对股利公告做出反馈。就具体形式而言,有学者发现现金股利、股票股利、现金股利与股票股利共同发放三类公告都能为投资者带来超额收益率,而后两种方式带来的超额收益率相较于第一种要高,但是现金股利同样贡献了超额收益率。

2. 现金股利与财务绩效不具有显著关联

有学者对比了包括现金股利、股票股利、现金股利与股票股利共同发放在内的三类股利公告对股价的影响,发现现金股利在未考虑交易成本时,对股票超额收益率的解释能力已经微乎其微。若考虑了交易成本,则现金股利几乎不会形成任何超额收益率效果。市场无法对现金股利、股票股利、现金股利与股票股利共同发放的分配方式对未来盈利能力的信号作用做出区分。在现金股利分配预案公布的前三个交易日以及当日的市场反应与不发放现金股利和发放股票股利的上市公司相比并不显著。即使股利政策发生变更,无论是增加现金股利还是减少现金股利,其现金流量和盈余水平在现金股利政策变更前后也无显著差异。资本市场甚至对发放现金股利作为首次分红的方式极为失望。这是由于我国股利政策的稳定性相对较弱,现金股利的信号传递作用因为投资者的忽视而在事实上被削弱了。因此,现金股利支付水平以及现金股利平稳性并不具备预示上市公司未来盈利能力的功能。企业价值由管理者能力和企业投资收益决定,并不会受到现金股利政策的影响。

2.4.3　现金股利平稳性与财务绩效

基于信号传递理论,平稳地发放现金股利不仅能够向市场传递企业发展的信心,还具有增强企业管理能力的效果,进而让公司价值得以提升。现金股利政策不平稳的企业会让机构投资者尤其是非独立机构投资者避而远之,只有平稳的现金股利政策才能稳固企业在投资者心中的地位,并为现金股利平稳性带来的股份溢价买单。

但也有观点否认了现金股利平稳性与企业价值之间的正相关关系。平稳的现金股利支付政策会让市场的判断失真。究其原因,是当公司盈利状况较好时,高管为了预防未来公司盈利水平下降而冲击公司投资者的信心,并且降低自己被解雇的风险,所以向投资者进行业绩报告时往往会低估业绩。保持平稳现金股利政策的上市公司对高层管理者更换也较为频繁,管理权力的经常更迭会使投资人无法判断公司未来的走向而导致企业价值降低。此外,制定平稳的现金股利政策并非依据企业收益与长期发展能力,而是为了迎合短期监管,因此平稳的现金股利政策反而会抑制企业价值的增长。

2.5　本　章　小　节

通过对上述文献的总结与回顾,可以发现关于企业现金股利政策的研究较为丰富,但结论不一。在不同的时期、不同的国家,各国学者以不同的研究对象为出发点,通过数据实证分析了高管任职经历与现金股利、融资约束与现金股利、财务绩效与现金股利之间的关联。

1. 高管任职经历与现金股利

我国资本市场起步较晚,虽然发展至今取得了令人瞩目的成就,但是和发达国家对比,我国的法律、法规依然有较大的完善空间,监督体制还存在诸多疏漏。对现有研究梳理后不难发现,学者对于高管任职经历与股利政策的影响持两种相反的态度,一些学者认为高管任职经历可以促进现金股利发放与稳定,也有部分学者所持观点与之相反。

现有研究结果大多数支持高管任职经历的存在会提升现金股利支付水平的结论。学者对高管任职经历的具体形式、职位高低进行了细分以验证这种关联的程度,此外还加入了地区市场化进程、法治水平的影响,这些要素都会发挥作用。关于这种相关性的解释有很多,融资约束是一个经过验证的有效路径,高管任职经历会促使资金与企业之间的距离缩短。此外,高管任职经历能够让企业对优惠政策更加敏感,从而促进企业高质量发展,并提高现金股利支付水平。最后,在经济动荡时期,高管任职经历不仅能够让企业受到的冲击尽量减轻,还可以使企业可持续发展的可能性大幅度增加,从而更有能力支付现金股利。

也有学者得出了相反的结论,地方官员的变动以及政治的不稳定都可能是形成这一结果的原因。造成观点分歧的原因是高管任职经历对现金股利形成影响的路径多样、干扰因素众多。不同学者对于高管任职经历的定义不同,研究关注点也不同,但大部分研究集中于民营企业样本。

因此,为了能够明确高管任职经历与现金股利的具体关联,本书研究对象不局限于民营企业或者国有企业,而是沪深全部 A 股上市公司,并将全部样本按产权性质分为国有企业和民营企业两大类进行异质性探讨,根据研究结果分析在不同性质的企业中高管任职经历对现金股利政策产生的影响有无差别。

2. 融资约束与现金股利

关于融资约束与现金股利支付水平和现金股利平稳性的研究也非常丰富,但结论存在巨大差异。

融资约束会负向影响企业现金股利支付水平的结论得到了大部分学者的支持。其中的机制在于融资约束会令企业外部融资变得相对困难,而更加依赖于内部资金进行发展筹划,自然要降低现金股利支付水平以保证企业的资金需求。而在两者的关联中能够发挥作用的要素包括约束性政策、货币政策、经济周期以及银企关联等。类似地,很多学者也认为融资约束与现金股利平稳性呈显著负相关,这是因为融资约束程度较高的企业不具备保持平稳现金股利支付的客观能力。而代理问题、信号理论、市场环境、股权结构和股权激励等要素都会干扰到这种相关性。

持相反观点的学者认为融资约束程度较高的企业需要通过发放高额现金股利以传递良好信号或达成再融资要求而增加从外部获取资金的机会。约束性政策的存在是解释这一问题较为充分的理由。同样,也有部分学者基于信号传递理论得出了融资约束与现金股利平稳性正相关的研究结论。

得出融资约束与现金股利政策之间的不确定性结论的学者主要是因为考虑了代理问题、融资成本等多种因素的影响,多重作用下本该清晰的关联变得模糊了。

3. 财务绩效与现金股利

从理论的角度来讲,财务绩效与现金股利的关联应是最为紧密的。但是学者们采用不同的时期、不同的样本进行分析,依然得出了相反的观点。

主流研究认为财务绩效是正向影响现金股利的。学者认为发放现金股利可以缓解代理问题,减少在职消费、抑制过度投资,提高管理层对企业现金流的利用效率,当然也会向外界传递出本企业运营良好的信号,进而使企业得到多方支持,最终提高企业的财务绩效。而内部控制水平、管理层能力和独立董事履职情况等要素对财务绩效与现金股利的关联会产生有效影响。将财务绩效进一步细分可以发现,企业的盈利能力、发展能力、偿债能力以及营运能力都会对企业的现金股利支付水平和现金股利平稳性产生影响,很多学者得出了正相关的结论。此外,一些学者还针对企业规模、股权结构、流通股比例等要素产生的影响展开研究。

在财务绩效与现金股利支付水平和现金股利平稳性的研究中,几乎所有的要素都有学者得出了显著负相关的结论,这是由于使用的样本与期间不同,以及分析思路不同造成的。也有学者认为财务绩效与现金股利之间不存在显著性关系,这可能是出于转移资金的目的进行现金股利发放,从而侵害中小股东利益的行为而导致的。

从研究的内容来看,关于财务绩效与现金股利支付水平和现金股利平稳性的探讨已经非常全面,但是并没有形成一致性的结论,也没有研究关注"十三五"规划以来以及中美贸易摩擦和新冠肺炎疫情对企业行为带来的影响。因此,本书采用特定时期的上市公司数据为样本,分析特殊环境给企业财务绩效与股利政策关联带来的影响。

综上所述,大部分文献是将高管任职经历、融资约束、财务绩效与现金股利支付水平和现金股利平稳性之间两两进行研究,将多种要素放入一个框架内进行分析的研究较为少见,但多种要素之间确实存在交叉关联。例如高管任职经历能够促进或者抑制现金股利的支付和稳定,同时高管任职经历也能改变企业受到的融资约束,而融资约束可以影响企业现金股利政策。因此本书希望将学者们讨论的多种要素纳入分析框架,探求关联的机理。

当前,企业经营环境发生了剧烈变化,在这种情况下如何缓解融资压力、提升企业经营绩效以及如何在公司内的自有资金和现金股利的发放之间取得平衡是值得关注的问题。

第 3 章　高管任职经历与现金股利政策

3.1　理论分析与研究假设

1. 高管任职经历与现金股利

股票内在价值的高低很大程度上取决于股利的多少。我国政府早已意识到资本市场中存在的现金股利政策问题并推出了相应的政策,这些政策也在不断地修正之中,充分表明了政府规范现金股利管理的决心。政府可以通过多种方式支配资源,获取这些资源意味着企业的迅速发展。国有企业拥有着明显的体制优势,通常能以较低的成本取得资金;而不具备此类优势的民营企业获得资金极为困难,只能寻求需要付出高用资成本的其他资金,这会进一步增加企业经济效益的压力,因此民营企业必然希望借助高管任职经历获取相应的资源。

高管任职经历是向外界传递利好消息的有效途径。具有高管任职经历背景的企业家大多在当地具有一定的关注度,企业的一些行为决策也会受到政府、媒体以及其他利益相关者的热切关注,在内、外部多方的压力之下,通常会发放相对高额的现金股利以缓解矛盾,为企业营造和谐的利益相关者氛围。高管任职经历不仅仅是一种荣誉,它还可以帮助民营企业取得竞争优势,因为丧失高管任职经历背景付出的代价非常高,所以这是企业家努力维护这种关系的一个主要的内在动机。

在我国,高管任职经历可以提高民营企业的绩效,盈利能力强的企业更具备分配现金股利的实力。相较于民营企业,国有企业因为产权性质和政府有着天然的联系,这种特有的联系在某种意义上来说也是一种高管任职经历,而且也正是这种天然的高管任职经历背景,使得国有企业更加受到当地政府以及监管部门的关注。高管出于对企业声誉的维护也会严格遵守监管部门的相关政策,积极响应国家监管机构制定的现金股利发放机制,若是高管本身就具有我们所定义的高管任职经历,会使国有企业在原有基础上进一步规范公司的行为,做出更加符合利益相关者的决策。

基于以上分析,提出本章的第一个假设:

假设 3.1　企业拥有的高管任职经历背景与现金股利支付水平呈正相关关系。

2. 高管任职经历与现金股利平稳性

一般情况下,连续、稳定的现金股利发放,可以表明公司的财务状况健康、经营成果良好。平稳的现金股利支付增强了股利收益的可预测性,便于股东提前对股利进行筹划,这在客观上可以增加现金股利在股东眼中的价值,也就增强了上市公司的吸引力。这不仅可以优化股票市场的资源配置,还可以更好地促使公司完善经营决策,实现长远发展。公司管理者也会基于投资者持续稳定的现金股利发放偏好,将目标股利作为优化实际股利水平的平稳调整路径,以此避免减少现金股利发放时投资者对企业估值的下降。这就说明公司努力维持稳定的现金股利在一定程度上降低了投资者对公司未来投资风险和获利水平不确定性的担忧,缓解了代理冲突。与投资决策的不可观测性相比,稳定的现金股利为投资者提供了一个获得公司未来收益的隐形承诺。

目前我国国有企业的人事任免或者经营决策在一定程度上还是会受到政府部门的干预,所以我国的国有企业上市公司很多都有高管任职经历背景。但是相关政策的适用性和合理性在不断增强,现代企业制度在我国企业中日趋完善,公司治理结构得到了极大的提升。在发展比较完备的、公司经营管理水平更高的资本市场,中外部投资者的权力更大,对管理层和股东的监督程度提高了,也使公司更加倾向于稳定的现金股利发放政策。

与国有企业不同的是,民营企业由于管理者和股东的利益与公司绩效挂钩,所以他们会对公司的投资收益格外注重,内源性地增强了对损害利益行为的监督程度,股东参与公司治理更为深入。相对于国有企业来说,民营企业要依靠公司自身信用在外部市场进行融资,这意味着民营企业面临着更大的融资约束,所以他们更喜欢将现金持有在自己手中以缓解自身劣势。但是这并不意味着现状不可改变,寻找有相关任职经历背景的人员担任企业管理者,这是缓解融资压力的一种有效途径。也正是因为高管任职经历背景带来的良好形象,所以它们可能不再采取更加稳健的股利政策,民营企业决策受到的制约相较于国有企业更少,对于现金股利的发放有很大的自主权,融资约束得到缓解之后,可能把更多筹集来的资金用在公司的发展上。

在国有企业中,管理层持股比例受限于国务院国有资产监督管理委员会的政策,管理层的收益与股利相关性较小,且自身经营自主权较大。对于民营企业来说,通过管理层形成的高管任职经历背景可以缩小与国有企业的差距,所以民营企业会充分利用这种社会资本,帮助企业缓解融资约束的压力,加大对管理层行为的监督,这有可能降低民营企业通过稳定现金股利传递公司经营状况良好的动机,而将更多的可控资金投入具有增值潜力的项目,以推升企业的整体价值。

基于以上分析,提出以下假设:

假设 3.2 高管任职经历与现金股利平稳性呈负相关关系。

3. 高管任职经历与融资约束

虽然信息不对称的问题在多种制度之下得到了缓解,但是资金提供者仍然不能够全面掌握贷款企业的信息,所以即使企业存在一个切实可行而且前景不错的项目,资金的提供者往也往会因为对企业不够了解而放弃对该项目的投资,这也是造成市场上非效率行为的一个重要原因。这一现象在银企的信贷关系中尤为突出。资金提供者为了降低由信息不对称所带来的风险,会以提高资金成本或者要求抵押、担保的方式来保障自己的权益,这会使企业在融资时处于不利地位。在考察企业的偿还能力时,因为银行只能通过企业披露的公开信息进行估计,所以银行更加偏好把资金贷给成熟的公司或者声誉良好的公司,这也是新兴企业发展困难的原因。高管任职经历提供了一种新的信息路径,资金提供者可以据此判断企业未来的良性运转状态,因为在现实中业绩好的、成熟的企业更加容易建立高管任职经历背景,而且文献已经证明了有高管任职经历背景企业的经营效率明显高于无高管任职经历背景的企业,高管任职经历似乎对未来的盈利能力具有一定的预示作用,也就是说,具有高管任职经历背景的企业获取相应的资金更为便利。

从社会资本理论来看,高管任职经历作为企业经营发展中的一种重要的社会资本,具有丰富企业资源、支持企业发展的重要功能。在我国金融体系中,商业银行是企业外部资金的重要来源,而商业银行追求自身利益、规避风险的决策出发点使民营企业经常被排除在资源之外,通过企业高管任职经历背景与金融机构建立良好的关系,也可以削减其所遭受的信贷歧视,甚至可以通过高管任职经历的信号效果降低资金使用成本。

基于以上分析,提出以下假设:

假设 3.3　高管任职经历可以缓解融资约束。

4. 融资约束与现金股利支付水平及现金股利平稳性

学者经研究发现,融资约束程度较高的公司,其现金股利支付水平受到了明显的抑制,但这种抑制的效果还受到企业自由现金流的干扰,拥有充足现金流的上市公司现金股利支付水平下降较少。

如果资本市场存在完美状态,那么企业的内、外部融资成本将不会有任何差异,企业的投资决策、融资方式以及现金股利决策处于独立状态,不会彼此制约,也就不存在本章要研究的特定关系。但基于不完全合约理论,任何人都不可能完全排除感性要素进行决策,而信息不对称,交易风险又无处不在,这些要素决定了不完全合约的普遍性。在资金提供方和需求方之间,这种不完全合约会具体体现为严格贷款审核、增加限制性条款以及提高用资成本等。当这样的压力较大,致使企业获取外部资金变得不经济时,企业就会转而依赖内源资金解决发展问题,这会锁定大量内部资金。企业的财务行为之间是相互影响的,在内部资金总量一定的情形下,如果投资占用的资金过多,则用来发放现金股利的资金就会减少。

现金持有动机理论已经将企业持有现金的目的论述得非常清晰,如果融资约束的压力对企业来说微乎其微,那么从外部获取资金就会变得经济,而获取周期短、期限长、成本低的外部资金会使企业保留资金的各种动机被削弱,现金股利支付水平就会相对较高。而融资约束程度较高的上市公司则不具备这样的优势,现金持有动机就会被明显强化,现金股利支付额度也会大幅度下降。

由于信息不对称的现象普遍存在,所以资本市场上并不存在完全没有融资约束的上市公司。对于现金股利的发放如何反作用于融资约束,学者们得出的结论分为正反两个方面。一方面,有学者认为保持较高水平且稳定的现金股利支付政策能够降低信息不对称的负面影响,传递企业对未来盈利能力充满信心的有效信号,进而显著减轻企业融资约束的程度,因此融资约束程度较高的企业可以采用这一策略解决资金来源问题。另一方面,有学者认为融资约束程度较高的上市公司资金压力已经很大,如果持续发放高额现金股利会让企业财务状况恶化,因此,融资约束程度较高的企业应充分利用内部资金获取更高的收益,通过改善财务绩效赢得资金青睐以缓解融资约束,现金股利支付只有保持在较低水平,甚至为零,才更符合公司的利益。

在我国不成熟的金融市场上,融资约束程度较高的企业通常财务状况不佳、盈利能力也相对较弱,保持高额现金股利支付水平很可能让企业的现金流急剧恶化,造成实际上的经营困难。上市公司的报表必须向社会公众公开,非上市公司在融资时也必须向资金提供方公开自己的财务数据,现金流存在问题会让资金提供方望而却步。因此,高水平现金股利的正向信号作用会被财务报表的负向信号作用完全抵消,致使企业无法获取所需资金。

综上所述,在公司面临严重的融资约束时,不会再冒险把现有资金当作股利发放给投资者,而是会将资金用于支撑企业正常运营、支付较低水平的现金股利。而这一类企业通常短期内很难解决存在的问题,会对内源资金做更加长期的筹划,因此,为了提升企业长期发展的能力,会在较长时间内保持支付较低水平的现金股利,这样会使现金股利平稳性得以维持。

基于以上分析,提出以下假设:

假设3.4 企业融资约束程度越高,现金股利支付水平就会越低。

假设3.5 企业融资约束程度越高,现金股利平稳性就会越高。

5.融资约束的中介作用

任何一场商业交易得以顺利进行的前提都是交易双方可以从交易中获取利益,高管任职经历作为企业与资源拥有者之间的桥梁,充当着交换通道的角色。本章前述理论分析表明,融资约束程度较高的企业出于维持经营的目的会将内部资金用于项目投资,从而对企业现金股利政策产生负面影响。因此,本章认为融资约束可能在高管任职经历与现金股利支付水平及现金股利平稳性之间发挥着中介的作用。

基于以上分析,提出以下假设:

假设3.6 融资约束在高管任职经历和现金股利支付水平的关系中起中介作用。

假设3.7 融资约束在高管任职经历和现金股利平稳性的关系中起中介作用。

3.2 研究设计

3.2.1 样本选择及数据来源

本章以2016—2020年A股上市公司为样本,为保证样本数据具有代表性、严谨性,尽可能降低干扰因素造成的负面影响,按照以下方式对样本进行了剔除:

(1)剔除金融类上市公司;

(2)剔除当年被ST、＊ST或PT的公司;

(3)剔除现金股利支付率大于100%的公司;

(4)剔除计算变量所需的财务数据不足的公司;

(5)为了避免兼并重组对数据结果产生影响,剔除样本期间总资产增长率过高(标准为大于1)的公司。

公司实际控制人背景信息主要源于国泰安数据库,背景信息中会披露高管的任职经历,但是由于高管任职经历不是被强制披露的,所以数据库中部分高管信息披露不全,需要查找上市公司年报或者在网络上进行手动搜索补充信息,基于此最后建立了高管任职经历数据表。为避免极端值带来的影响,本章对所有连续变量均进行了1%的缩尾处理。

3.2.2 变量定义

1.被解释变量

(1)现金股利支付水平

本章在回归分析中的被解释变量参照多数学者的做法选定为现金股利支付率。这里的现金股利支付率指的就是上市公司从净利润中用于支付现金股利的百分比。在实践当中,上市公司支付现金股利的时间并不确定,若出现了上市公司在期中也发放了现金股利的情况,则将期中和期末的现金股利支付数额加总计算。采用相对值可以避免对利润水平和公司规模等的影响,能够较好地反映上市公司现金股利支付的强度。

（2）现金股利平稳性

现金股利平稳性主要是指上市公司现金股利支付水平相较于前期的波动程度。本章采用近三年每股税前现金股利的方差来代理现金股利平稳性。这是一个逆向指标，其数值与现金股利波动性呈正向关系，而与现金股利平稳程度呈负向关系。

2. 解释变量

本章的解释变量为高管任职经历，根据本书第 2 章对高管任职经历进行的定义，在满足条件的情况下这一指标赋值为 1，否则为 0。

3. 中介变量

本章的中介变量是融资约束，选择能够反映企业较多相关要素的 KZ 指数，数据来源于 CSMAR 数据库，其构建步骤如下：

（1）对全样本各个年度按照 $\dfrac{\text{经营性现金净流量}}{\text{年初总资产}} = \dfrac{CF_{it}}{ASSET_{it-1}}$、$\dfrac{\text{现金股利}}{\text{年初总资产}} = \dfrac{DIV_{it}}{ASSET_{it-1}}$、

$\dfrac{\text{现金持有量}}{\text{年初总资产}} = \dfrac{CASH_{it}}{ASSET_{it-1}}$、资产负债率（$LEV_{it}$）和托宾 Q 比率（$Q_{it}$）进行分类。

令

$$\begin{cases} \dfrac{CF_{it}}{ASSET_{it-1}} < \text{中位数}, \text{则} KZ_1 = 1 \\[2ex] \dfrac{CF_{it}}{ASSET_{it-1}} \geq \text{中位数}, \text{则} KZ_1 = 0 \end{cases}$$

$$\begin{cases} \dfrac{DIV_{it}}{ASSET_{it-1}} < \text{中位数}, \text{则} KZ_2 = 1 \\[2ex] \dfrac{DIV_{it}}{ASSET_{it-1}} \geq \text{中位数}, \text{则} KZ_2 = 0 \end{cases}$$

$$\begin{cases} \dfrac{CASH_{it}}{ASSET_{it-1}} < \text{中位数}, \text{则} KZ_3 = 1 \\[2ex] \dfrac{CASH_{it}}{ASSET_{it-1}} \geq \text{中位数}, \text{则} KZ_3 = 0 \end{cases}$$

$$\begin{cases} LEV_{it} > \text{中位数}, \text{则} KZ_4 = 1 \\ LEV_{it} \leq \text{中位数}, \text{则} KZ_4 = 0 \end{cases}$$

$$\begin{cases} Q_{it} > \text{中位数}, \text{则} KZ_5 = 1 \\ Q_{it} \leq \text{中位数}, \text{则} KZ_5 = 0 \end{cases}$$

（2）计算 KZ 指数，令

$$KZ = KZ_1 + KZ_2 + KZ_3 + KZ_4 + KZ_5 \tag{3.1}$$

（3）对式（3.2）采用排序逻辑回归，估计出各变量的回归系数：

$$KZ_{it} = \alpha_1 \frac{CF_{it}}{ASSET_{it-1}} + \alpha_2 LEV_{it} + \alpha_3 \frac{DIV_{it}}{ASSET_{it-1}} + \alpha_4 \frac{CASH_{it}}{ASSET_{it-1}} + \alpha_5 Q_{it} \tag{3.2}$$

（4）运用式（3.2）的回归结果，可以得到所有样本特有的 KZ 指数。KZ 指数的具体数值越大，融资约束程度越高。

4.控制变量

为提高严谨性,本章选择总资产净利率、总资产增长率、前十大流通股股东持股比例、资产负债率、现金持有率、托宾Q、无形资产比例、行业和年度等指标作为控制变量纳入回归,以期排除多种不同类型要素的影响,分离出高管任职经历与现金股利支付水平及现金股利平稳性之间的关联。

(1)总资产净利率

总资产净利率能够衡量每单位资产所产生的净利润水平,反映了上市公司的盈利能力,一般情况下,盈利水平较高的企业留存收益更多,现金股利的来源更为充足,也就更可能支付较高水平的现金股利。

(2)总资产增长率

总资产增长率代表企业负债与所有者权益的综合增长速度,经常用于衡量企业成长能力。成长能力对现金股利支付水平可能有相反的影响。若企业的战略目标是扩大规模、拓展市场,则企业可能不会提高现金股利支付水平;若企业为了发展需要股东继续给予融资支持,就可能重视对股东的回报。

(3)前十大流通股股东持股比例

前十大流通股股东持股比例可以衡量公司流通股股东话语权的程度。根据前文所述,有研究认为,股权高度集中的上市公司的现金股利决策受少数股东利益因素干扰较重,因而中小股东的利益难以得到保证。

(4)资产负债率

资产负债率可以体现企业利用财务杠杆的程度,负债较多可能面临较高的付息和偿债压力,进而影响现金股利。

(5)现金持有率

现金持有率能够比较直接地反映企业的现金状况,现金股利的发放需要"真金白银",可见现金持有率对现金股利的发放有比较重要的影响。

(6)托宾Q

托宾Q代表企业的市场溢价程度,也可以从一定角度反映市场对企业的信号感知结果,可能预示着企业未来的发展状态和成长机会。因此,这一指标会对现金股利支付水平和现金股利平稳性产生一定影响。

(7)无形资产比例

无形资产比例通常可以代表企业的技术水平,也在一定程度上可以预示企业对于研发投入的偏好程度。研发会消耗企业大量资金,可能对现金股利政策造成影响。

(8)行业

不同的行业有不同的优惠或限制政策,行业间的企业在利润率、规模以及资产负债率等方面会有不同的状态,这些很可能影响企业现金股利政策。

(9)年度

不同的年度,企业所处的外部环境会有很大差异,如经济发展速度的快慢以及政府出台的一些利好或限制性政策等,都会影响企业的财务表现,也会间接影响企业现金股利的发放,因此,控制年度能够更加清晰地探究高管任职经历对企业现金股利发放的影响程度。

各变量的具体定义见表3.1。

表 3.1　变量定义表

变量类别	变量名	变量符号	变量定义
被解释变量	现金股利支付率	Dr	$\dfrac{\text{当年每股税前现金股利}}{\text{当年每股收益}}$
	现金股利平稳性	Var	近三年每股税前现金股利的方差
解释变量	高管任职经历	PC	符合本书定义的高管任职经历=1; 不符本书定义的高管任职经历=0
中介变量	融资约束	KZ	见式(3.2)
控制变量	总资产净利率	ROA	$\dfrac{\text{当年净利润}}{\text{当年总资产平均余额}}$
	总资产增长率	$Tagr$	$\dfrac{\text{当年期末总资产−当年期初总资产}}{\text{当年期初总资产}}$
	前十大流通股股东持股比例	$Top10$	公司前十大流通股股东持股比例之和
	资产负债率	Lev	$\dfrac{\text{当年期末负债总额}}{\text{当年期末资产总额}}$
	现金持有率	$Cash$	$\dfrac{\text{当年期末货币资金余额}}{\text{当年期末资产总额}}$
	托宾Q	$TobinQ$	$\dfrac{\text{公司市值}}{\text{资产总额}}$
	无形资产比例	Ir	$\dfrac{\text{当年期末无形资产余额}}{\text{当年期末资产总额}}$
	行业	$Industry$	第j行业=1; 其他行业=0
	年度	$Year$	第i年度=1; 其他年度=0

3.3　模型构建

本章的主要研究内容是高管任职经历对现金股利支付水平和现金股利平稳性的影响以及融资约束的中介作用。

首先,分别构建高管任职经历与企业现金股利支付水平和现金股利平稳性的回归模型,分别以表3.1中的现金股利支付率和现金股利平稳性作为被解释变量,高管任职经历作为解释变量构建模型,具体如式(3.3)所示。其中 $controls$ 代表本章所用到的所有控制变量。在回归中,根据企业的产权性质将样本分为国有企业和民营企业两组。

$$Dr/Var = \alpha + \alpha_1 PC + \sum \alpha_2 Controls + \sum Year + \sum Industry + \varepsilon \qquad (3.3)$$

其次,构建考核高管任职经历与融资约束关系的回归模型,以表3.1中的融资约束为被解释变量,高管任职经历作为解释变量。模型如式(3.4)所示。

$$KZ = \beta_0 + \beta_1 PC + \sum \beta_2 Controls + \sum Year + \sum Industry + \varepsilon \qquad (3.4)$$

最后,在式(3.3)的基础上,引入一个中介变量,得到式(3.5),用于检验融资约束的中介效应。

$$Dr/Var = \gamma_0 + \gamma_1 PC + \gamma_2 KZ + \sum \gamma_3 Controls + \sum Year + \sum Industry + \varepsilon \qquad (3.5)$$

在主回归中,采用逐步检验回归的方法,验证中介效应是否成立,具体分为以下3步:

①分别检验解释变量高管任职经历与被解释变量现金股利支付率和现金股利平稳性关联关系的显著性即用式(3.3)进行回归,如果二者的显著性能够通过检验,则继续完成逐步回归工作,否则停止这一过程。

②检验解释变量高管任职经历和拟订的中介变量融资约束,在此模型中为被解释变量关联关系的显著性即用式(3.4)进行回归,如果二者的显著性能够通过检验,则继续完成逐步回归工作,以验证中介效应的完全性或部分性;如果二者的显著性未能通过检验,则需要通过 Sobel 检验考核中介效应。

③若对前两个步骤的显著性都比较满意,则可以采用式(3.5)进行回归,如果解释变量高管任职经历与被解释变量现金股利支付率或者现金股利平稳性的显著性消失或者显著性存在但系数变小,则可以得出融资约束具有完全中介作用或者部分中介作用的结论。

3.4   实证结果分析

3.4.1   描述性统计分析

1. 解释变量的描述性统计

表3.2列示了高管任职经历要素的样本数据。

表 3.2   高管任职经历描述性统计 单位:%

年份	2016 年	2017 年	2018 年	2019 年	2020 年	全样本
Panel A						
有高管任职经历	44.45	46.31	43.72	39.10	35.22	41.67
无高管任职经历	55.55	53.69	56.28	60.90	64.78	58.33
合计	100	100	100	100	100	100
Panel B						
有高管任职经历	44.32	48.26	45.41	41.91	39.50	43.71
无高管任职经历	55.68	51.74	54.59	58.09	60.50	56.29
合计	100	100	100	100	100	100

表3.2中的 Panel A 为高管任职经历与现金股利支付率回归样本的描述性统计。从表

中数据可以看出,高管任职经历在样本中具有较高的普遍性,各年比例均达到 35% 以上,全样本中企业高管任职经历的比例为 41.67%,呈现波动向下的整体趋势。

表 3.2 中的 Panel B 为高管任职经历与现金股利平稳性回归样本的描述性统计。从表中数据可以看出,高管任职经历比例也较高,2016—2019 年高管任职经历占比在 40% 以上,在 2020 年占比也接近 40%。这些数据说明了企业拥有高管任职经历背景并不是小概率事件,而高管任职经历对于两个不同的被解释变量具体发挥怎样的作用则需要进一步检验说明。

2. 被解释变量的描述性统计

表 3.3 中 Panel A 为样本公司现金股利支付率的描述性统计,Panel B 为样本公司现金股利平稳性的描述性统计。

表 3.3　被解释变量描述性统计

变量	样本	样本量	平均值	标准差	最小值	最大值	25%	50%	75%
				Panel A					
	国有企业	2 435	0.242	0.130	0.036	0.813	0.148	0.235	0.300
Dr	民营企业	4 229	0.240	0.155	0.036	0.813	0.134	0.206	0.297
	总样本	6 664	0.241	0.146	0.036	0.813	0.138	0.213	0.299
				Panel B					
	国有企业	1 968	0.004	0.014	0.000	0.109	0.000	0.000 4	0.002
Var	民营企业	3 209	0.005	0.015	0.000	0.109	0.000	0.000 6	0.003
	总样本	5 177	0.005	0.015	0.000	0.109	0.000	0.000 6	0.002

在表 3.3 的 Panel A 中可以看出,样本公司平均现金股利支付率为 24.1%,国有企业的现金股利支付率为 24.2%,而民营企业的现金股利支付率为 24%,二者数据非常接近,在缩尾的作用下,两类企业的最大值和最小值完全相同。但是在表中列示的分位数方面,民营企业的现金股利支付率都低于国有企业,而标准差又高于国有企业,这说明民营企业现金股利支付水平相对较低,而离散程度较高。两类企业的 75% 分位数都在 0.3 左右,说明样本公司现金股利支付水平普遍不高,完善现金股利政策还需要做出更大的努力。

从表 3.3 的 Panel B 中可以看出,样本公司现金股利平稳性的平均值为 0.005,国有企业和民营企业的差距同样较小,最大值、最小值依然完全相同,民营企业的标准差略高,除 25% 分位数两类公司都是 0 之外,50% 和 75% 分位数民营企业都要高于国有企业。从数据来看,国有企业现金股利平稳性好于民营企业,这可能与民营企业面临的经营不确定性更高有关。因此,完善民营企业的现金股利政策、提高现金股利平稳性,需要更为全面的解决方案。

3. 中介变量及控制变量的描述性统计

表 3.4 列示的是中介变量及控制变量的描述性统计。

表 3.4 中介变量及控制变量的描述性统计

变量	样本数	平均值	标准差	最小值	最大值	中位数
Panel A						
PC	6 664	0.417	0.493	0.000	1.000	0.000
KZ	6 664	0.202	1.916	−5.480	4.197	0.422
ROA	6 664	0.058 1	0.041 2	0.004 59	0.212	0.048 3
Tagr	6 664	0.155	0.180	−0.143	0.822	0.109
Top10	6 664	0.599	0.138 4	0.276 5	0.898	0.608 6
Lev	6 664	0.420	0.187	0.070 6	0.844	0.415
Cash	6 664	0.172	0.109	0.022 2	0.559	0.146
Ir	6 664	0.046	0.050 6	0.000 038	0.326	0.033 0
TobinQ	6 664	1.845	1.598	0.126	8.686	1.397
Panel B						
Var	5 177	0.437	0.496	0.000	1.000	0.000
KZ	5 177	0.148	1.925	−5.667	4.144	0.385
ROA	5 177	0.058 3	0.041 0	0.004 81	0.210	0.048 7
Tagr	5 177	0.157	0.180	−0.137	0.822	0.111
Top10	5 177	0.596	0.136 1	0.282 8	0.893 8	60.39
Lev	5 177	0.425	0.187	0.074 1	0.846	0.418
Cash	5 177	0.170	0.106	0.023 7	0.545	0.143
Ir	5 177	0.047	0.053 4	0.000 035	0.354	0.033 2
TobinQ	5 177	1.764	1.533	0.118	8.459	1.343

其中,Panel A 为现金股利支付率中介变量及控制变量的描述性统计,可以看出融资约束的平均值为 0.202,标准差为 1.916,说明样本公司之间融资约束程度差异较大,而最大值和最小值之间较大的差别也证明了这一点。控制变量中,资产净利率均值为 0.058 1,说明样本公司整体盈利水平尚可,普遍处于正常经营状态。总资产增长率平均值达 0.155,而最大值与最小值之间的巨大差异说明样本公司成长能力差别较大,其中位数为 0.109,幅度小于均值,说明多数企业总资产增长率在 11% 以下,少数企业高速增长拉高了平均增长率。前十大流通股股东持股比例均值为 0.599,说明股权集中程度较高,中位数为 0.608 6,表明大多数样本公司这一指标都超过 60%,流通股股东的话语权较高。资产负债率的均值说明样本公司杠杆程度适中,中位数小于均值,也证明多数企业的负债水平在合理范围之内,但是缩尾之后的最高值依然为 0.844,代表仍有一定数量的企业负债水平过高,财务风险较大。现金持有水平均值与中位数的对比表明大多数企业的现金保证程度不高,可能面临较

为严重的资金压力,而最小值为 0.022 2,证明有部分企业面临严重的资金链断裂风险。无形资产比率平均值为 0.046,代表样本公司平均技术水平不高,研发能力较弱,甚至有的企业几乎没有任何无形资产,只有少数企业无形资产比例超过 30%。托宾 Q 的平均值为 1.845,而中位数为 1.397,说明在本书所选择的期间里企业面对经济压力较大,上市公司市场溢价普遍不高,这也说明样本公司的回归结果可以反映在经济不确定性较大的情况下上市公司的决策方式。

表 3.4 中的 Panel B 是被解释变量为现金股利平稳性时的样本。在这部分样本中,融资约束的平均值为 0.148,与 Panel A 中的样本差异较大,而均值和中位数均低于 Panel A 样本。资产净利率、总资产增长率、前十大流通股股东持股比例、资产负债率、现金持有率以及无形资产比例等控制变量的各项指标与 Panel A 样本的指标较为接近。托宾 Q 的各项指标均低于 Panel A 中的样本指标,说明这部分样本的市场溢价水平更低一些。

3.4.2　单变量分析

为考核高管任职经历与现金股利支付率及现金股利平稳性之间的关联,首先将样本根据有无高管任职经历分成两组,采用单变量均值 T 检验的方法对两组数据进行对比分析,结果列示于表 3.5。

表 3.5　单变量分析

变量	无高管任职经历		有高管任职经历		T 检验
	样本量	均值	样本量	均值	T 值
Panel A					
Dr	3 888	0.191	2 776	0.312	−0.121 * * *
KZ	3 888	0.392	2 776	−0.063	0.455 * * *
ROA	3 888	0.058	2 776	0.059	−0.001
Tagr	3 888	0.158	2 776	0.151	0.007
Top10	3 888	0.595 8	2 776	0.602 7	−0.689 * *
Lev	3 888	0.425	2 776	0.413	0.011 * *
Cash	3 888	0.173	2 776	0.170	0.003
Ir	3 888	0.044	2 776	0.049	−0.006 * * *
TobinQ	3 888	1.889	2 776	1.783	0.105 * * *
Panel B					
Var	2 914	0.004	2 263	0.006	−0.002 * * *
KZ	2 914	0.057	2 263	0.059	−0.002 *
ROA	2 914	0.161	2 263	0.153	0.008 *

表 3.5(续)

变量	无高管任职经历		有高管任职经历		T 检验
	样本量	均值	样本量	均值	T 值
Panel B					
Tagr	2 914	0.591 6	2 263	0.600 6	−0.894＊＊
Top10	2 914	0.430	2 263	0.418	0.013＊＊
Lev	2 914	0.171	2 263	0.169	0.002
Cash	2 914	0.044	2 263	0.050	−0.006＊＊＊
Ir	2 914	1.807	2 263	1.709	0.097＊＊
TobinQ	2 914	0.004	2 263	0.006	−0.002＊＊＊

注:p 值为拒绝原假设的最小 alpha 值,＊＊＊表示 $p<0.01$,＊＊表示 $p<0.05$,＊表示 $p<0.1$。后文表格中此种符号用法相同。

表 3.5 中的 Panel A 列示了被解释变量为现金股利支付率的样本相关数据,无高管任职经历背景的企业现金股利支付率的平均值为 0.191,有高管任职经历背景的企业现金股利支付率的平均值为 0.312,二者的差异在 1% 的水平上显著。这与我们的假设是一致的,即企业的高管任职经历背景会提高企业的现金股利支付率。而对于融资约束这一指标,无高管任职经历背景的企业在 1% 水平上显著高于有高管任职经历背景的企业。这说明高管任职经历可以缓解信贷机构对企业的信贷歧视。两组样本无形资产比例和托宾 Q 的差异在 1% 的水平上显著;前十大流通股股东持股比例和资产负债率的差异在 5% 的水平上显著;资产净利率、总资产增长率和现金持有率的差异不显著。

表 3.5 中的 Panel B 列示了被解释变量为现金股利平稳性时的样本相关数据。企业不存在高管任职经历背景时现金股利平稳性的均值为 0.004,存在高管任职经历背景的企业的现金股利平稳性均值为 0.006。不存在高管任职经历背景企业的现金股利平稳性显著小于存在高管任职经历背景企业的现金股利平稳性,初步验证了我们的推测,即高管任职经历的存在会增强现金股利的波动性。没有高管任职经历背景的企业融资约束的均值小于有高管任职经历背景的企业,这与我们的假设不同,需要进一步实证分析。

3.4.3 相关性分析

本章在主回归分析前,先对样本数据中的所有变量做两两之间的相关性分析,以确定变量之间的相关系数与关联方向,这不仅可以初步检验假设的合理性,还可以检验所选的控制变量是否可靠。本章使用 Stata17.0 软件进行统计分析,采用 Pearson 方法验证不同变量之间的相关性,结果列示于表 3.6 中。

表 3.6　现金股利支付率的相关性分析

	Dr	KZ	PC	ROA	Tagr	Top10	Lev	Cash	Ir	TobinQ
Dr	1	—	—	—	—	—	—	—	—	—
KZ	-0.291***	1	—	—	—	—	—	—	—	—
PC	0.408***	-0.117***	1	—	—	—	—	—	—	—
ROA	0.012	-0.556***	0.012	1	—	—	—	—	—	—
Tagr	-0.131***	-0.080***	-0.019	0.26***	1	—	—	—	—	—
Top10	0.138***	-0.117***	0.025**	0.132***	0.041***	1	—	—	—	—
Lev	-0.148***	0.564***	-0.030**	-0.419***	0.103***	0.011	1	—	—	—
Cash	0.073***	-0.570***	-0.012	0.224***	0.071***	0.078***	-0.255***	1	—	—
Ir	0.009	0.002	0.056***	-0.033***	-0.033***	0.066***	-0.002	-0.140***	1	—
TobinQ	0.021*	-0.197***	-0.033***	0.519***	0.161***	0.100***	-0.510***	0.253***	-0.061***	1

　　表 3.6 中变量的相关性分析结果表明,代表高管任职经历的虚拟变量与现金股利支付率的相关系数为 0.408,在 1% 的水平上显著,为本章的假设 3.1 提供了初步支持。拟定的中介变量融资约束与现金股利支付率在 1% 的水平上呈显著负相关,一定程度上说明融资约束带来的压力确实抑制了样本公司现金股利的发放。高管任职经历与融资约束相关系数为 -0.117,显著性水平为 1%,说明企业高管任职经历的存在确实会降低企业的融资约束程度,但是高管任职经历是否通过缓解企业的融资约束进而增加现金股利支付率还需要进一步验证。

　　总资产净利率与现金股利支付率以及高管任职经历的相关性并不显著,但与融资约束在 1% 的水平上显著负相关,这可能是两个要素相互作用形成的结果。总资产增长率与现金股利支付率以及融资约束均在 1% 的水平上显著负相关,表明企业的增长与现金股利支付可能存在着矛盾,发展较快的企业受到的融资约束程度相对较低,也可以说明融资约束程度低的企业可以借助自身优势形成更好的发展态势,但该指标与高管任职经历并不显著相关。前十大流通股股东的持股比例同样与现金股利支付率以及融资约束在1%的水平上显著相关,但是它与现金股利支付率呈正相关,这可能说明流通股控制权相对集中有利于提高现金股利的支付水平,而与融资约束的负向关联意味着流通股决策权力集中有可能更高效地解决融资约束问题,而该指标与高管任职经历显著正相关。资产负债率与现金股利支付率以及融资约束在1%的水平上显著相关,但是相关的方向与前十大流通股股东持股比例恰好完全相反,这说明偿债压力较大的企业想要获得融资难度相对较大,为了降低风险,对于现金股利的支付就会更为保守,而该指标与高管任职经历的显著负相关关系可能表明高管任职经历可以降低企业的风险水平。现金持有率与现金股利支付率以及融资约束的相关特性与前十大流通股股东持股比例完全相同,说明现金充足的上市公司融资约束程度较低,发放高额现金股利的可能性更大,但这一指标与高管任职经历不存在显著相关关系。无形资产比例与现金股利支付率以及融资约束的相关性均未通过显著性检验,但与高管任职经历显著正相关,可能代表具有高管任职经历背景的企业更加注重研发,其技术特征更强。托宾Q与现金股利支付率在10%的水平上显著正相关,这可能代表着发放高额现金股利的上市公司更加受到投资人的青睐;而托宾Q与融资约束在1%的水平上负相关,表明投资人在进行投资决策时,融资约束程度是重要的博弈要素;托宾Q与高管任职经历显著负相关较为意外,这可能是因为具有高管任职经历背景的企业通常较为成熟,因此市场溢价不高。变量之间的相关系数说明不存在严重的多重共线性问题。

表3.7列示了现金股利平稳性样本的相关性检验结果。从表3.7中可以看出,高管任职经历与现金股利平稳性在1%的水平上显著正相关,这代表具有高管任职经历背景的企业现金股利决策自由度较大,平稳性在很大程度上被降低了,初步支持了本章提出的假设3.2。融资约束与现金股利平稳性的相关系数为-0.197,在1%的水平上显著,因现金股利平稳性指标的负向性,说明融资约束程度较高的样本公司保持了较为一贯的现金股利支付水平,这可能是迫于融资约束的压力长期支付较低水平的现金股利所致。总资产净利率、总资产增长率、前十大流通股股东持股比例、现金持有率以及托宾Q均与现金股利平稳性显著正相关。这样的相关性意味着:获利水平较高的样本公司现金股利波动性更强,这可能是由这一类的企业决策自由度更大,能够根据各年不同的投资机会调整股利政策所致;发展较快的公司各期盈利变化也会较大,从而导致现金股利支付水平出现显著差别;流通股决策权力较为集中的样本公司的现金股利政策更容易呈现波动性;现金持有水平较高的企业由于面临各方的压力较小,现金股利政策更为灵活;市场溢价程度较高的企业通常财务业绩增长较快,现金股利政策会根据财务业绩的变化而有所调整。资产负债率和无形资产比例均与现金股利平稳性显著负相关,说明偿债风险较大的企业可能长期维持较低现金股利支付水平,而研发投入较多的样本公司对资金的依赖性更大,也会维持一贯的现金股利政策。变量之间的相关系数说明不存在严重的多重共线性问题。

表3.7 现金股利平稳性的相关性检验

	Var	KZ	PC	ROA	Tagr	Top10	Lev	Cash	Ir	TobinQ
Var	1	—	—	—	—	—	—	—	—	—
KZ	-0.197***	1	—	—	—	—	—	—	—	—

表 3.7(续)

	Var	KZ	PC	ROA	Tagr	Top10	Lev	Cash	Ir	TobinQ
PC	0.061 ****	-0.127 ****	1	—	—	—	—	—	—	—
ROA	0.260 ****	-0.571 ****	0.024 *	1	—	—	—	—	—	—
Tagr	0.035 ***	-0.070 ****	-0.023 *	0.258 ****	1	—	—	—	—	—
Top10	0.142 ****	-0.116 ****	0.033 ***	0.121 ****	0.023 *	1	—	—	—	—
Lev	-0.046 ****	0.580 ****	-0.034 ***	-0.422 ****	0.103 ****	0.026 *	1	—	—	—
Cash	0.055 ****	-0.563 ****	-0.009	0.217 ****	0.067 ****	0.055 ****	-0.245 ****	1	—	—
Ir	-0.029 ***	0.000	0.057 ****	-0.031 ***	-0.040 ****	0.075 ****	-0.005	-0.138 ****	1	—
TobinQ	0.084 ****	-0.215 ****	-0.031 ***	0.539 ****	0.175 ****	0.070 ****	-0.501 ****	0.232 ****	-0.058 ****	1

3.4.4　实证结果分析

针对假设,本章进行回归分析,并根据产权性质将样本分为国有企业与民营企业两组子样本,分别研究在国有企业和民营企业中假设是否成立。具体回归结果列示于表 3.8 及表 3.9。本章采用逐步回归法检验融资约束的中介作用是否成立。考虑到随机干扰项可能不满足同方差或存在自相关关系,本章还对模型进行了异方差、自相关检验,结果表明异方差和自相关问题在检验中确实存在,为了避免这两个问题带来的不良影响,回归使用了稳健标准误。

表 3.8 现金股利支付率的回归结果

变量	(1)	(2)	(3)	(4)	(5)	(6)	(7)	(8)	(9)
	Dr			KZ			Dr		
PC	0.118 ***	0.095 ***	0.129 ***	-0.374 ***	-0.258 ***	-0.435 ***	0.103 ***	0.086 ***	0.110 ***
	(32.688)	(16.650)	(27.599)	(-14.562)	(-6.412)	(-13.052)	(31.151)	(15.799)	(26.118)
KZ	—	—	—	—	—	—	-0.041 ***	-0.036 ***	-0.043 ***
	—	—	—	—	—	—	(-23.653)	(-13.501)	(-19.486)
ROA	-0.169 ***	-0.184 **	-0.166 ***	-20.305 ***	-19.453 ***	-20.470 ***	-0.995 ***	-0.889 ***	-1.044 ***
	(-3.460)	(-2.210)	(-2.765)	(-41.421)	(-20.961)	(-35.656)	(-18.149)	(-9.792)	(-15.352)
Tagr	-0.082 ***	-0.055 ***	-0.085 ***	-0.589 ***	-0.701 ***	-0.597 ***	-0.106 ***	-0.080 ***	-0.111 ***
	(-8.838)	(-3.379)	(-7.439)	(-6.554)	(-3.814)	(-5.677)	(-11.750)	(-4.861)	(-9.975)
Top10	0.001 ***	0.001 ***	0.001 ***	-0.008 ***	-0.006 ***	-0.008 ***	0.001 ***	0.001 ***	0.001 ***
	(12.251)	(8.190)	(8.221)	(-8.178)	(-4.424)	(-6.132)	(10.277)	(7.437)	(6.569)
Lev	-0.106 ***	-0.131 ***	-0.097 ***	4.621 ***	4.746 ***	4.704 ***	0.083 ***	0.041 *	0.105 ***
	(-9.653)	(-7.323)	(-6.741)	(50.640)	(32.507)	(39.210)	(6.256)	(1.832)	(6.043)
Cash	0.096 ***	0.049 *	0.125 ***	-8.166 ***	-7.525 ***	-8.610 ***	-0.236 ***	-0.224 ***	-0.244 ***
	(6.038)	(1.828)	(6.163)	(-57.966)	(-33.839)	(-46.636)	(-11.510)	(-7.043)	(-9.198)
Ir	-0.062 *	-0.107 **	-0.040	-1.233 ***	-0.664 ***	-2.052 ***	-0.112 ***	-0.131 ***	-0.128 **
	(-1.865)	(-2.522)	(-0.725)	(-5.565)	(-2.651)	(-5.213)	(-3.537)	(-3.227)	(-2.423)
TobinQ	-0.003 **	-0.004	-0.001	0.465 ***	0.551 ***	0.447 ***	0.016 ***	0.016 ***	0.018 ***
	(-2.152)	(-1.498)	(-0.776)	(36.057)	(18.882)	(30.433)	(11.472)	(5.723)	(10.640)

表 3.8（续）

变量	(1)	(2)	(3)	(4)	(5)	(6)	(7)	(8)	(9)
	Dr			KZ			Dr		
Industy	控制								
Year	控制								
cons	0.213***	0.228***	0.208***	0.424***	0.480**	0.293	0.230***	0.245***	0.221***
	(9.464)	(7.246)	(6.892)	(2.725)	(2.452)	(1.465)	(10.933)	(7.781)	(7.986)
N	6 664	2 435	4 229	6 664	2 435	4 229	6 664	2 435	4 229
Adj R2	0.236	0.219	0.251	0.733	0.769	0.723	0.312	0.278	0.333
F	54.697	20.150	42.080	610.851	289.893	382.663	67.376	24.355	50.138

表 3.9　现金股利平稳性的回归结果

变量	(1)	(2)	(3)	(4)	(5)	(6)	(7)	(8)	(9)
	Var			KZ			Var		
PC	0.002***	0.002***	0.001**	-0.369***	-0.237***	-0.444***	0.001***	0.001**	0.001
	(3.789)	(2.788)	(2.527)	(-12.911)	(-5.564)	(-11.648)	(2.714)	(2.337)	(1.512)
KZ	—	—	—	—	—	—	-0.001***	-0.001***	-0.001***
	—	—	—	—	—	—	(-4.609)	(-3.120)	(-3.544)
ROA	0.110***	0.161***	0.088***	-21.210***	-21.153***	-21.040***	0.082***	0.131***	0.060***
	(10.208)	(7.776)	(7.055)	(-40.763)	(-24.847)	(-32.680)	(7.035)	(6.571)	(4.221)
Tagr	-0.004***	-0.004*	-0.004**	-0.550***	-0.641***	-0.553***	-0.005***	-0.005**	-0.005***
	(-3.029)	(-1.803)	(-2.268)	(-5.462)	(-3.208)	(-4.585)	(-3.543)	(-2.228)	(-2.679)

表 3.9（续）

变量	(1)	(2)	(3)	(4)	(5)	(6)	(7)	(8)	(9)
	Var			KZ			Var		
$Top10$	0.000***	0.000***	0.000***	-0.008***	-0.006***	-0.008***	0.000***	0.000***	0.000***
	(8.265)	(5.093)	(6.590)	(-7.622)	(-4.154)	(-5.756)	(7.768)	(4.816)	(6.246)
Lev	0.006***	0.008***	0.005**	4.739***	4.768***	4.853***	0.012***	0.015***	0.011***
	(3.538)	(3.036)	(2.193)	(46.430)	(29.890)	(35.589)	(5.852)	(4.133)	(4.161)
$Cash$	0.002	-0.001	0.004	-8.141***	-7.635***	-8.621***	-0.008**	-0.012**	-0.007
	(0.914)	(-0.295)	(1.327)	(-50.508)	(-31.587)	(-39.287)	(-2.247)	(-2.098)	(-1.394)
Ir	-0.006	-0.008***	-0.001	-1.186***	-0.796***	-1.939***	-0.008*	-0.009***	-0.004
	(-1.640)	(-2.764)	(-0.106)	(-5.220)	(-3.238)	(-4.436)	(-2.038)	(-3.067)	(-0.386)
$TobinQ$	-0.001**	-0.001	-0.000	0.464***	0.557***	0.443***	0.000	0.000	0.000
	(-2.027)	(-1.225)	(-1.420)	(30.513)	(17.785)	(25.314)	(0.212)	(0.124)	(0.388)
$Industr$					控制				
$Year$					控制				
$cons$	0.001	-0.008**	0.005	0.324*	0.531**	0.147	0.002	-0.008*	0.006
	(-2.117)	(0.769)	(1.913)	(2.254)	(0.724)	(0.306)	(-1.930)	(0.799)	
N	5 177	1 968	3 209	5 177	1 968	3 209	5 177	1 968	3 209
$Adj\ R2$	0.101	0.157	0.080	0.743	0.789	0.726	0.108	0.165	0.088
F	10.125	4.825	7.166	510.190	282.000	300.066	10.033	4.756	6.955

3.4.4.1　高管任职经历、融资约束与现金股利支付率

表 3.8 中的第(1)(4)(7)列为全样本逐步回归结果。从第(1)列中可以看出,现金股利支付率与高管任职经历的回归系数为 0.118,在 1% 的水平上显著,这一点证实了本章假设 3.1 提出的高管任职经历能够正向影响企业现金股利支付水平的论断。总资产净利率与现金股利支付率呈现了 1% 水平上的显著负相关关系,这与相关性分析中体现的结果不同,证明获利水平高的样本公司,从净利润中用于支付现金股利的比例相对较低,这可能是因为在中美贸易摩擦及新冠肺炎疫情的影响下,高盈利公司同样感受到了较大的风险压力,更倾向于将利润留存企业以解决持续发展问题,而盈利水平较高的公司即使支付现金股利的比例较低,但是绝对额却并不一定比盈利水平较低的公司少。总资产增长率与现金股利支付率的系数为 -0.082,通过了 1% 水平的显著性检验,结论与相关性分析相同,意味着企业处于快速增长阶段时,规模的扩大需要资金的支持,这时就会减少现金股利的发放。前十大流通股股东持股比例同相关性检验的结论保持一致,在 1% 的水平上与现金股利支付率显著正相关,说明流通股决策权的集中有利于提高现金股利的支付水平。资产负债率、现金持有率和托宾 Q 与现金股利支付率的相关性在第(1)列和第(7)列中出现了相反的结果,这是加入的中介变量所带来的影响。无形资产比例与现金股利支付率保持显著负相关关系,这一结果与相关性分析不同,说明无形资产比例较高的样本公司会更倾向于将资金投入研发而减少现金股利的发放。表 3.8 中的第(4)列为全样本逐步回归的第二步,高管任职经历与融资约束显著负相关,通过了 1% 水平的显著性检验,高管任职经历会缓解企业融资约束程度,假设 3.3 得到验证。总资产净利率、总资产增长率、前十大流通股股东持股比例、现金持有率与融资约束在 1% 的水平上负相关,资产负债率与融资约束在 1% 的水平上正相关,结论与相关性分析一致。无形资产比率与融资约束呈显著负相关关系,可能是因为无形资产较高的样本公司注重研发,而研发的持续投入能够帮助企业在较长的时期内获得竞争优势,因此面临的融资约束程度相对较低。托宾 Q 与融资约束在 1% 的水平上显著正相关,与相关性分析中的结论截然相反。第(7)列为全样本逐步回归的第三步,高管任职经历与现金股利支付率依旧通过了 1% 水平上的显著性检验,融资约束与现金股利支付率的相关系数为 -0.041,并通过了 1% 水平的显著性检验,与相关性分析形成的结论相同,假设 3.4 得到验证。在全样本的逐步回归中,高管任职经历与现金股利支付率的显著性并没有发生变化,而且高管任职经历可以缓解融资约束,融资约束也会显著影响企业的现金股利支付率,即融资约束的中介作用得到验证,本章的假设 3.6 成立。

表 3.8 中的第(2)列是国有企业子样本的回归结果,从表中可以发现,高管任职经历与现金股利支付率在 1% 的水平上显著正相关,高管任职经历的存在会显著提高企业的现金股利支付水平,本章的假设 3.1 依然成立。总资产净利率、总资产增长率、前十大流通股股东持股比例、资产负债率、现金持有率、无形资产比例、现金股利支付率的相关属性与全样本的结果一致,部分指标之间的显著性程度略有不同。托宾 Q 在加入中介变量之前相关性并不显著。第(5)列是国有企业逐步回归的第二步,高管任职经历与融资约束显著负相关,通过了 1% 水平的显著性检验,假设 3.3 在国有企业中得到验证。总资产净利率、总资产增长率、前十大流通股股东持股比例、资产负债率、现金持有率、无形资产比例、托宾 Q、融资约束的相关性特征与全样本的结果都保持一致。第(8)列为逐步回归的最后一步,高管任职经历与现金股利支付率依旧是显著正相关,融资约束与现金股利支付率(显著负相关,假设

3.4得到验证,即当面临较小的融资压力时,国有企业的现金股利支付水平会得到提高,融资约束在高管任职经历与现金股利支付率的关系中起到中介作用,即本章的假设3.6成立。

表3.8中的第(3)列为民营企业子样本的回归结果,从表中可以看出,高管任职经历与现金股利支付率依然在1%的水平上显著正相关,这与全样本和国有企业子样本的结果一致,进一步证明了本章提出的假设3.1。除无形资产比率之外,其他指标与现金股利支付率相关属性与国有企业子样本的结果一致,只是显著性程度和具体系数存在一定差异。第(6)列为逐步回归的第二个步骤,高管任职经历与融资约束的负相关显著性没有任何改变,各指标与融资约束的相关属性均与国有企业子样本相同,本章的假设3.3在民营企业中也得到了验证。第(9)列为民营企业中逐步回归的最后一步,高管任职经历与现金股利支付率依然通过了1%水平上的显著性检验,而融资约束与现金股利支付率同样在1%的水平上显著负相关,本章提出的假设3.4在民营企业中依然成立,通过分析逐步回归结果,可以看出融资约束的中介作用在民营企业中也成立,即假设3.6再一次得到了验证。

通过以上的分析可以得知,企业的高管任职经历背景确实会促进企业对现金股利的发放。一方面,拥有高管任职经历背景的企业可以利用这一优势向外界传递关于自身的有利信息,以便获取企业需要的资源;另一方面,企业也会因为高管任职经历背景得到来自政府机构、监管部门以及外界媒体的关注和压力,提高现金股利的支付水平。高管任职经历确实会帮助企业缓解融资的压力,提高企业在信贷机构的信誉度,取得进一步的信任,也会减少投资者对企业的质疑。当企业面临着较高的融资约束时,企业在外筹资受阻,只能利用自有资金,因此会相应地减少现金股利的分配。

3.4.4.2 高管任职经历、融资约束与现金股利平稳性

表3.9中的第(1)列为全样本回归的第一步,结果显示高管任职经历与现金股利平稳性在1%的水平上显著正相关,本章提出的假设3.2在全样本中得到验证。总资产净利率与现金股利平稳性的系数为0.110,在1%的水平上显著,与相关性分析的结论一致。总资产增长率与现金股利平稳性在1%的水平上显著负相关,与相关性分析的结论相反,说明事实上增长较快的企业现金股利的支付水平稳定性更强,原因可能是发展态势良好的企业未来的现金流更加充足,更有能力维持稳定的现金股利。前十大流通股股东持股比例与现金股利平稳性保持了相关性分析中的结论。资产负债率与现金股利平稳性在1%的水平上正相关,结论也与相关性分析恰好相反,意味着负债水平较高的样本公司很可能因为面临风险较大而各期盈利水平波动剧烈,现金股利发放不够稳定,也可能是为了满足融资的门槛要求,存在突击发放现金股利的情况。现金持有率和无形资产比例在第(1)列中没有呈现显著的相关性。托宾Q与现金股利平稳性在1%的水平上负相关,同样与相关性分析的结论相反,这说明保持稳定的现金股利支付更有利于得到市场的认可。第(4)列列示的是第二步回归结果,从中可以看出,高管任职经历与融资约束在1%的水平上显著负相关,与相关性分析的结论一致,本章提出的假设3.3进一步得到验证。总资产净利率、总资产增长率、前十大流通股股东持股比例、现金持有率、无形资产比例与融资约束在1%的水平上显著负相关,除无形资产比例之外,其他变量的相关性结果均与相关性分析的结论一致;而资产负债率、托宾Q与融资约束在1%的水平上显著正相关,其中托宾Q的结果与相关性分析的结论恰好相反。第(7)列列示的是逐步回归的最后一步,从中可以看到高管任职经历与现金股利平稳性依旧显著正相关,融资约束与现金股利平稳性系数为-0.001,在1%的水平

上显著,即本章提出的假设 3.5 成立。可能是当融资约束程度较高时,企业需要通过实施稳健的现金股利政策,向外界传达经营状况良好的信号,以此来缓解信贷机构以及投资者对企业的质疑。也就是说,融资约束在高管任职经历与现金股利平稳性之中起到部分中介作用,即本章的假设 3.7 也得到了验证。

表 3.9 的第(2)列为国有企业子样本回归的第一步,高管任职经历与现金股利平稳性的系数为 0.002,在 1% 的水平上显著,说明在国有企业之中高管任职经历的存在不利于企业现金股利的稳定发放,本章的假设 3.2 在国有企业中也成立。总资产净利率、总资产增长率、前十大流通股股东持股比例、资产负债率、现金持有率体现出来的相关属性与全样本完全一致。无形资产比例在国有企业子样本中在 1% 的水平上与现金股利平稳性显著负相关,表明在国有企业中,重视研发的样本公司同样重视现金股利支付政策的平稳性,而在国有企业中,托宾 Q 不具备显著性。第(5)列为回归的第二步,高管任职经历与融资约束的相关性关系与全样本相同,本章提出的假设 3.3 在国有企业中同样得到验证。总资产净利率、总资产增长率、前十大流通股股东持股比例、资产负债率、现金持有率、无形资产比例以及托宾 Q 体现出来的关联关系与全样本完全一致。第(8)列为回归最后一步,高管任职经历与现金股利平稳性在 5% 的水平上正相关,相较于第一步回归的显著性有所降低。融资约束在 1% 的水平上与现金股利平稳性保持显著负相关,结论与全样本一致,本章提出的假设 3.5 在国有企业中成立。通过对国有企业子样本的逐步回归结果进行分析,高管任职经历与现金股利平稳性显著正相关,高管任职经历与融资约束显著负相关,逐步回归的最后一步,高管任职经历与现金股利平稳性保持显著正相关,融资约束与现金股利平稳性显著负相关,这表明国有企业子样本中融资约束在高管任职经历与现金股利平稳性之间起到部分中介作用,本章提出的假设 3.7 也得到了验证。

表 3.9 中的第(3)列为民营企业子样本回归的第一步,高管任职经历与现金股利平稳性的系数为 0.001,在 5% 的水平上显著,显著性有所降低,但依然说明本章提出的假设 3.2 在民营企业中成立。总资产净利率、总资产增长率、前十大流通股股东持股比例、资产负债率、现金持有率、无形资产比例体现的相关属性与全样本的结果保持一致,只有托宾 Q 没有通过显著性检验。第(6)列为民营企业子样本回归的第二步,高管任职经历依然在 1% 的水平上与融资约束显著负相关,与全样本及国有企业子样本的结果相同,本章提出的假设 3.3 在民营企业中得到了验证。总资产净利率、总资产增长率、前十大流通股股东持股比例、资产负债率、现金持有率、无形资产比例以及托宾 Q 表现出来的属性与全样本及国有企业子样本完全相同,说明在各变量与融资约束的关系上,国有企业和民营企业没有明显的差别。第(9)列为最后一步,高管任职经历依然在 1% 的水平上与现金股利平稳性显著负相关,本章提出的假设 3.5 在民营企业中也成立。通过对民营企业样本中逐步回归的分析,高管任职经历与现金股利平稳性显著正相关,高管任职经历与融资约束显著负相关,逐步回归的最后一步,高管任职经历与现金股利平稳性保持正相关,但是没有通过显著性检验,融资约束依然与现金股利平稳性显著负相关,这说明融资约束在高管任职经历与现金股利平稳性之间起到完全中介作用,即在民营企业中高管任职经历完全通过影响融资约束来影响现金股利平稳性,本章提出的假设 3.7 在民营企业中也得到了验证。

3.4.5　稳健性检验

1. 更换被解释变量

本部分采用以下指标替换现金股利支付率进行回归：

$$股利分配率(Dividend) = \frac{每股税前现金股利本期净利润}{实收资本本期期末值}$$

回归结果见表 3.10。

与前文类似,表 3.10 的第(1)(4)(7)列为全样本的逐步回归结果。在全样本的回归结果中可以看出,高管任职经历与股利分配率的回归系数为 0.120,在 1% 的水平上显著正相关,与主回归保持一致,高管任职经历的确会对现金股利支付水平产生正向作用,本章提出的假设 3.1 成立。第(4)列为全样本逐步回归的第二步,高管任职经历与融资约束显著负相关,通过了 1% 水平的显著性检验,证明高管任职经历能够降低企业融资约束的程度,本章提出的假设 3.3 进一步得到了验证。第(7)列为全样本逐步回归的第三步,高管任职经历与股利分配率依旧通过了 1% 水平上的显著性检验,融资约束与股利分配率的系数为 -0.043,并通过了 1% 水平的显著性检验,即当企业面临较高的融资约束压力时,股利分配率指标会受到明显的抑制,本章提出的假设 3.4 得到了验证。在全样本的逐步回归中,高管任职经历与股利分配率的显著性并没有发生变化,而且高管任职经历还可以缓解融资约束,融资约束也会显著影响企业的股利分配率,证明融资约束的中介作用稳健,所以本章的假设 3.6 成立。

在国有企业子样本的逐步回归结果中,第(2)列是回归的第一步,高管任职经历与股利分配率在 1% 水平上显著正相关,在国有企业中本章的假设 3.1 也得到了验证。第(5)列是国有企业逐步回归的第二步,高管任职经历与融资约束呈显著负相关,通过了 1% 水平的显著性检验,本章的假设 3.3 在国有企业中得到了验证。第(8)列为逐步回归的最后一步,高管任职经历与股利分配率依旧是显著正相关,融资约束与股利分配率显著负相关,本章的假设 3.4 得到了验证,融资约束在高管任职经历与股利分配率的关系中起到中介作用,所以本章的假设 3.6 成立。

在民营企业子样本的逐步回归中,第(3)列中高管任职经历与股利分配率在 1% 水平上显著正相关,与全样本和国有企业子样本的结果一致,假设 3.1 在民营企业中得到了验证。第(6)列为民营企业子样本逐步回归第二步,高管任职经历与融资约束在 1% 的水平上显著负相关,本章的假设 3.3 在民营企业中也得到了验证。第(9)列为民营企业子样本中逐步回归的最后一步,可以看到,高管任职经历与股利分配率依然通过了 1% 水平上的显著性检验,融资约束与股利分配率在 1% 的水平上显著负相关,这说明本章的假设 3.4 在民营企业中成立。通过对逐步回归结果的综合分析,可以看出融资约束的中介作用在民营企业中也成立,即本章提出的假设 3.6 是成立的。

本章将被解释变量更换为股利分配率对融资约束的中介效应进行了 Sobel 检验,结果列示于表 3.11 之中,可以看出无论是在全样本还是两组子样本中,融资约束的中介效应都是显著的,说明前文的结果是稳健的。

表 3.10　股利分配率的稳健性检验结果

变量	(1)	(2)	(3)	(4)	(5)	(6)	(7)	(8)	(9)
	Dividend			KZ			Dividend		
PC	0.120***	0.102***	0.126***	-0.341***	-0.233***	-0.400***	0.105***	0.093***	0.108***
	(37.091)	(19.663)	(26.645)	(-14.955)	(-6.656)	(-13.231)	(33.727)	(18.463)	(24.888)
KZ	—	—	—	—	—	—	-0.043***	-0.037***	-0.047***
	—	—	—	—	—	—	(-29.684)	(-14.568)	(-23.327)
ROA	0.517***	0.659***	0.475***	-19.320***	-18.392***	-19.495***	-0.317***	-0.018	-0.433***
	(11.176)	(8.307)	(7.853)	(-59.358)	(-34.343)	(-37.233)	(-6.077)	(-0.196)	(-6.690)
Tagr	-0.013	0.005	-0.019*	-0.603***	-0.502***	-0.694***	-0.039***	-0.013	-0.051***
	(-1.418)	(0.296)	(-1.693)	(-9.182)	(-4.260)	(-6.943)	(-4.396)	(-0.784)	(-4.794)
Top10	0.002***	0.002***	0.002***	-0.007***	-0.005***	-0.007***	0.002***	0.002***	0.002***
	(16.769)	(10.759)	(12.032)	(-8.233)	(-4.386)	(-6.041)	(14.916)	(9.951)	(10.511)
Lev	-0.109***	-0.146***	-0.083***	4.590***	4.638***	4.713***	0.089***	0.024	0.136***
	(-10.545)	(-9.214)	(-6.122)	(62.783)	(43.313)	(43.464)	(7.431)	(1.266)	(8.565)
Cash	0.112***	0.053**	0.142***	-8.046***	-7.631***	-8.311***	-0.236***	-0.228***	-0.245***
	(7.139)	(2.200)	(6.764)	(-73.101)	(-46.885)	(-48.209)	(-12.448)	(-7.519)	(-9.650)
Ir	-0.051	-0.061	-0.090*	-1.466***	-0.907***	-2.066***	-0.114***	-0.094**	-0.187***
	(-1.555)	(-1.468)	(-1.927)	(-6.372)	(-3.253)	(-6.329)	(-3.657)	(-2.346)	(-4.121)
TobinQ	-0.013***	-0.018***	-0.011***	0.472***	0.525***	0.460***	0.007***	0.002	0.011***
	(-10.514)	(-7.613)	(-7.780)	(54.369)	(33.683)	(35.043)	(5.450)	(0.667)	(6.957)

表 3.10（续）

变量	(1)	(2)	(3)	(4)	(5)	(6)	(7)	(8)	(9)
		Dividend			KZ			Dividend	
Industy									
Year					Yeal				
					控制				
cons	0.060 ***	0.079 ***	0.059 **	0.354 ***	0.301 *	0.244	0.075 ***	0.090 ***	0.070 **
	(3.490)	(3.045)	(2.019)	(2.932)	(1.729)	(1.410)	(4.597)	(3.584)	(2.542)
N	8 684	3 258	5 426	8 684	3 258	5 426	8 684	3 258	5 426
Adj R2	0.220	0.242	0.220	0.722	0.757	0.709	0.292	0.288	0.306
F	88.480	39.489	49.572	807.523	376.990	445.144	124.500	48.148	65.870

表 3.11　Sobel 检验——股利分配率作为被解释变量

样本	Sobel	系数	标准误	Z 值	P 值
全样本	Sobel	0.014 709 48	0.001 101 33	13.360	0.000
国有企业	Sobel	0.008 558 13	0.001 413 64	6.054	1.413×10^{-9}
民营企业	Sobel	0.018 615 24	0.001 568 39	11.870	0.000

2. 考虑高管任职经历级别的影响

高管任职经历对企业现金股利政策的影响可能因高管任职经历级别的差异而有所不同。在中国这一转型经济体中,高管任职经历的级别不同给企业带来的收益水平也存在差异。高管任职经历的级别越高,受到的关注程度就会越高,能够获取的资源也更为优质,企业借助这样的优质资源就可以实现更为快速、稳定的发展。所以提高高管任职经历级别对企业现金股利政策的影响也会增强。

本章引入定序变量 *PCLevel*,不存在高管任职经历背景的样本公司赋值为 0;高管任职经历相关职位为科级或同等级别赋值为 1;高管任职经历相关职位为处级或同等级别赋值为 2;高管任职经历相关职位为厅级或同等级别赋值为 3;高管任职经历相关职位为部级或同等级别及以上赋值为 4。高管任职经历相关职位有两种或两种以上不同级别的,按最高级别进行赋值。加入这一变量之后对式(3.3)、式(3.4)和式(3.5)重新进行回归,验证高管任职经历级别高低与现金股利支付率的回归结果列示于表 3.12。从表中可以看出,无论是在全样本中还是在两组子样本中,高管任职经历级别与现金股利支付率都在 1% 的水平上呈显著正相关,说明高管任职经历级别越高,支付的现金股利水平也会越高。无论是在全样本中还是在两组子样本中,高管任职经历级别与融资约束都在 1% 的水平上呈显著负相关,说明高管任职经历级别越高,企业面临的融资压力就会越小,这可能是因为高管任职经历级别越高传递的良性信号越强所致。同时,表 3.12 中的数据也证明了融资约束中介作用的存在,说明前文的结果是稳健的。

验证高管任职经历级别高低与现金股利平稳性的回归结果列示于表 3.13。从表中可以看出,无论是在全样本中还是在两组子样本中,高管任职经历级别与现金股利平稳性都在 1% 的水平上呈显著正相关,说明高管任职经历级别越高,现金股利的波动性越强。可能是因为高管任职经历级别越高,信号传递效果越好,企业不需要保持稳定的现金股利政策以获取支撑企业发展的资源。无论是在全样本中还是在两组子样本中,高管任职经历级别与融资约束都在 1% 的水平上呈显著负相关,与表 3.12 的结果保持一致。同时,表 3.13 中的数据也证明了融资约束中介作用的存在,说明前文的结果是稳健的。

(3)中介效应的稳健性检验

逐步回归因果检验法、Sobel 检验法以及 Bootstrap 检验法都可以检验中介变量的有效性。本章首先采用 Sobel 方法对融资约束中介效应进行检验,结果列示于表 3.14。

表3.12 高管任职经历级别与现金股利支付率的回归结果

变量	(1) Dr	(2) Dr	(3)	(4)	(5) KZ	(6)	(7)	(8) Dr	(9)
PCLevel	0.034***	0.027***	0.037***	-0.109***	-0.074***	-0.125***	0.029***	0.024***	0.031***
	(29.748)	(14.006)	(25.836)	(-14.110)	(-5.696)	(-12.931)	(28.283)	(13.339)	(24.296)
KZ	—	—	—	—	—	—	-0.041***	-0.037***	-0.043***
	—	—	—	—	—	—	(-23.897)	(-13.631)	(-19.575)
ROA	-0.180***	-0.199*	-0.170***	-20.266***	-19.403***	-20.454***	-1.019***	-0.926***	-1.058***
	(-3.693)	(-2.391)	(-2.837)	(-41.356)	(-20.884)	(-35.659)	(-18.374)	(-10.026)	(-15.392)
Tagr	-0.081***	-0.054***	-0.083***	-0.591***	-0.702***	-0.603***	-0.106***	-0.081***	-0.110***
	(-8.695)	(-3.311)	(-7.219)	(-6.565)	(-3.811)	(-5.726)	(-11.647)	(-4.831)	(-9.787)
Top10	0.001***	0.001***	0.001***	-0.007***	-0.006***	-0.008***	0.001***	0.001***	0.001***
	(11.655)	(7.549)	(8.172)	(-7.956)	(-4.215)	(-6.133)	(9.672)	(6.767)	(6.507)
Lev	-0.117***	-0.144***	-0.106***	4.657***	4.780***	4.734***	0.076***	0.035	0.099***
	(-10.578)	(-7.915)	(-7.257)	(50.953)	(32.779)	(39.277)	(5.748)	(1.555)	(5.717)
Cash	0.100***	0.055*	0.126***	-8.177***	-7.542***	-8.613***	-0.239***	-0.227***	-0.248***
	(6.246)	(2.070)	(6.178)	(-58.102)	(-33.913)	(-46.627)	(-11.629)	(-7.112)	(-9.271)
Ir	-0.048	-0.089*	-0.039	-1.277***	-0.709***	-2.052***	-0.100***	-0.116***	-0.129*
	(-1.413)	(-2.050)	(-0.724)	(-5.760)	(-2.819)	(-5.238)	(-3.134)	(-2.790)	(-2.444)
TobinQ	-0.003*	-0.005*	-0.001	0.466***	0.553***	0.448***	0.016***	0.016***	0.018***
	(-2.427)	(-1.811)	(-0.898)	(36.129)	(19.010)	(30.420)	(11.533)	(5.587)	(10.732)

表 3.12（续）

变量	(1)	(2)	(3)	(4)	(5)	(6)	(7)	(8)	(9)
		Dr			KZ			Dr	
Iidusty					控制				
Year					控制				
cons	0.229***	0.254***	0.215***	0.376**	0.411**	0.272	0.244***	0.269***	0.227***
	(9.849)	(7.194)	(7.042)	(2.431)	(2.113)	(1.355)	(11.214)	(7.673)	(8.138)
N	6 664	2 435	4 229	6 664	2 435	4 229	6 664	2 435	4 229
Adj R2	0.223	0.194	0.243	0.732	0.769	0.722	0.302	0.258	0.327
F	51.018	19.590	40.545	611.090	289.978	380.078	64.806	22.631	49.803

表 3.13　高管任职经历级别与现金股利平稳性的回归结果

变量	(1)	(2)	(3)	(4)	(5)	(6)	(7)	(8)	(9)
		Var			KZ			Var	
PCLevel	0.000***	0.001***	0.000**	-0.107***	-0.072***	-0.124***	0.000***	0.001**	0.000
	(3.817)	(2.809)	(2.357)	(-12.508)	(-5.147)	(-11.397)	(2.857)	(2.410)	(1.421)
KZ	—	—	—	—	—	—	-0.001***	-0.001***	-0.001***
	(—)	(—)	(—)	(—)	(—)	(—)	(-4.608)	(-3.094)	(-3.583)
ROA	0.110***	0.160***	0.087***	-21.145***	-21.070***	-20.992***	0.082***	0.130***	0.060***
	(10.230)	(7.837)	(7.065)	(-40.630)	(-24.749)	(-32.594)	(7.005)	(6.576)	(4.191)

表 3.13（续）

变量	(1) Var	(2) Var	(3) Var	(4) KZ	(5) KZ	(6) KZ	(7) Var	(8) Var	(9) Var
Tagr	-0.004***	-0.004*	-0.004**	-0.554***	-0.641***	-0.562***	-0.005***	-0.005**	-0.005***
	(-3.015)	(-1.814)	(-2.260)	(-5.496)	(-3.208)	(-4.659)	(-3.535)	(-2.233)	(-2.688)
Top10	0.000***	0.000***	0.000***	-0.008***	-0.006***	-0.008***	0.000***	0.000***	0.000***
	(8.198)	(4.999)	(6.578)	(-7.367)	(-3.954)	(-5.701)	(7.712)	(4.734)	(6.234)
Lev	0.006***	0.008***	0.004***	4.781***	4.805***	4.891***	0.012***	0.015***	0.011***
	(3.443)	(2.959)	(2.128)	(46.769)	(30.259)	(35.611)	(5.777)	(4.067)	(4.130)
Cash	0.002	-0.001	0.004	-8.161***	-7.651***	-8.629***	-0.008**	-0.012**	-0.007
	(0.953)	(-0.283)	(1.335)	(-50.729)	(-31.633)	(-39.292)	(-2.220)	(-2.083)	(-1.403)
Ir	-0.006	-0.008***	-0.001	-1.232***	-0.841***	-1.926***	-0.008**	-0.009***	-0.004
	(-1.606)	(-2.642)	(-0.111)	(-5.415)	(-3.405)	(-4.412)	(-2.017)	(-2.965)	(-0.390)
TobinQ	-0.001*	-0.001	-0.000	0.465***	0.559***	0.444***	0.000	0.000	0.000
	(-2.042)	(-1.255)	(-1.433)	(30.616)	(17.989)	(25.292)	(0.197)	(0.088)	(0.389)
Industy					控制				
Year					控制				
cons	0.001	-0.008**	0.006	0.269	0.459*	0.114	0.002	-0.007*	0.006
	(0.257)	(-1.968)	(0.786)	(1.595)	(1.944)	(0.557)	(0.330)	(-1.810)	(0.810)
N	5 177	1 968	3 209	5 177	1 968	3 209	5 177	1 968	3 209
Adj R2	0.101	0.158	0.080	0.743	0.789	0.726	0.108	0.166	0.088
F	10.153	4.865	7.115	512.443	284.164	298.132	10.054	4.791	6.920

表 3.14　Sobel 检验结果

样本	Sobel	系数	标准误	Z 值	P 值
Panel A					
全样本	Sobel	0.015 237 59	0.001 164 01	13.090	0.000
国有企业	Sobel	0.009 355 53	0.001 531 31	6.109	9.995e-10
民营企业	Sobel	0.018 826 41	0.001 675 94	11.230	0.000
Panel B					
全样本	Sobel	0.000 490 73	0.000 082 68	5.935	2.936e-09
国有企业	Sobel	0.000 343 69	0.000 099 27	3.462	0.000 536 07
民营企业	Sobel	0.000 585 35	0.000 123 51	4.739	2.144e-06

在表 3.14 Sobel 检验的结果中,Panel A 为被解释变量为现金股利支付率的结果,从表中可以看出,无论是在全样本中还是根据产权性质分成的国有企业和民营企业子样本中,Sobel 检验结果的 P 值都小于 0.001,融资约束在高管任职经历与现金股利支付率的关系中确实起到了中介作用,本章提出的假设 3.6 再次得到验证。Panel B 是被解释变量为现金股利平稳性的 Sobel 检验结果,表中数据也显示融资约束的中介效应在高管任职经历与现金股利平稳性的关系中成立,即本章提出的假设 3.7 成立,与前文的结论保持一致。

此外,本章还进行了 Bootstrap 检验,结果见表 3.15。

表 3.15　Bootstrap 检验结果

样本	中介效应	系数	标准误	Z 值	P 值	置信区间
Panel A						
全样本	r(ind_eff)	0.015 237 59	0.001 317 95	11.56	0.000	[0.012 8951, 0.018 049]
	r(dir_eff)	0.102 866 95	0.003 176 21	32.39	0.000	[0.097 078 5, 0.109 628 3]
国有企业	r(ind_eff)	0.009 355 53	0.001 603 39	5.83	0.000	[0.006 648 8, 0.012 981 8]
	r(dir_eff)	0.085 950 64	0.005 552 70	15.48	0.000	[0.075 150 4, 0.097 019 1]
民营企业	r(ind_eff)	0.018 666 13	0.001 834 17	10.18	0.000	[0.015 170 8, 0.022 281]
	r(dir_eff)	0.110 022 43	0.004 306 37	25.55	0.000	[0.101 759 1, 0.118 626]
Panel B						
全样本	r(ind_eff)	0.000 490 73	0.000 110 24	4.45	0.000	[0.000 282, 0.000 723 3]
	r(dir_eff)	0.001 074 73	0.000 407 33	2.64	0.008	[0.000 302 9, 0.001 840 7]
国有企业	r(ind_eff)	0.000 343 69	0.000 129 15	2.66	0.008	[0.000 144 9, 0.000 694 8]
	r(dir_eff)	0.001 448 44	0.000 608 83	2.38	0.017	[0.000 240 8, 0.002 629 5]
民营企业	r(ind_eff)	0.000 585 35	0.000 182 69	3.20	0.000	[0.000 277 1, 0.001 010 1]
	r(dir_eff)	0.000 794 89	0.000 518 36	1.53	0.125	[-0.000 176 8, 0.001 784 7]

Panel A 是被解释变量为现金股利支付率的 Bootstrap 检验结果,从表中数据显示,无论是在全样本中还是在两组子样本中,r(ind_eff)的置信区间都不包含 0,说明中介效应存在;r(dir_eff)的置信区间也不包含 0,说明融资约束能够起到部分中介作用,结果与前文的逐步回归结果一致,本章提出的假设 3.6 得到验证。

Panel B 是被解释变量为现金股利平稳性的 Bootstrap 检验结果,数据显示,无论是在全样本中还是在两组子样本中,r(ind_eff)的置信区间都不包含 0,说明中介效应存在,本章提出的假设 3.7 成立。r(dir_eff)的置信区间在全样本和国有企业样本中也不包含 0,说明融资约束起到部分中介的作用;但是在民营企业中,r(dir_eff)的置信区间包括 0,说明在民营企业中,融资约束在高管任职经历与现金股利平稳性的关系中起到完全中介的作用,这与前文的结果也是一致的。

3.5　本章小结

3.5.1　研究结论

高管任职经历的存在能够缓解企业的信贷歧视。本章研究高管任职经历对现金股利支付水平以及现金股利平稳性的影响,以 2016—2020 年 A 股上市公司为样本,以理论分析与回归为主要研究方法,将高管任职经历用虚拟变量表示,用 KZ 指数代理融资约束的程度,采用现金股利支付率代理现金股利支付水平进行回归,并最终得出了以下结论。

(1)高管任职经历普遍存在,融资约束差异明显,整体分红水平较低

大约 40%的上市公司都具有高管任职经历背景,说明高管任职经历在我国市场上是一个普遍存在的现象;样本公司融资约束程度的离散性较为明显,公司间的融资环境差异较大;在中美贸易摩擦及新冠疫情造成的经营风险增大的背景下,上市公司普遍现金股利支付水平不高。

(2)融资约束在高管任职经历与现金股利支付水平之间具有中介作用

实证检验的结果可以说明:高管任职经历对于现金股利支付水平具有显著的正向影响,在国有企业子样本和民营企业子样本中这一结果并没有发生变化,说明这种正向关联不会受到产权性质的影响;全样本、国有企业子样本和民营企业子样本的回归结果都显示高管任职经历对融资约束具有显著的减轻作用;逐步回归法、Sobel 检验法以及 Bootstrap 检验法都得出了融资约束在高管任职经历与现金股利支付水平之间具有显著的中介作用的结论。

(3)融资约束在高管任职经历与现金股利平稳性之间具有中介作用

实证检验的结果可以说明,高管任职经历的存在会加大现金股利的不平稳性,将样本分为国有企业和民营企业两类,高管任职经历与现金股利平稳性的结果是一致的,即高管任职经历会加剧企业现金股利的波动程度。在探究融资约束的中介作用时,先后采用了逐步回归法、Sobel 检验法以及 Bootstrap 检验法,结果都支持融资约束在高管任职经历与现金股利平稳性之间起到中介作用的假设。

3.5.2　政策建议

1. 厘清政企关系,避免权力寻租

政企关系是市场经济回避不了的一个重要问题,良性循环的新型政企关系,对于推动企业健康发展、不断完善社会主义市场经济体制至关重要。本章内容已经提及信贷机构有时更加看重高管任职经历背景而不是企业真正的发展能力,这会造成资金的浪费,让拥有良好机会的企业因得不到所需的资金而放弃投资。因此,为了避免这种低效率的情况出现,必须坚持反腐行动,加强对权力的监督,规范金融市场,打造良性的金融环境,避免权力寻租的情况出现。

2. 加强政策公开,构建公平的市场环境

高管任职经历能够帮助企业获取优势资源的原因之一就是信息不对称。具有高管任职经历背景的企业能够对政府的优惠政策有更为深入的理解,能够较早地利用政策改善企业的经营。因此,政府在推出优惠政策时应注重企业获取信息的时间尽量一致,通过详细的说明力求理解深度一致,扩大政策的覆盖面,让尽可能多的企业较早获得政策的支持,改善财务业绩。

3. 多维度解决企业面临的融资问题

根据本章的研究结论可以发现,融资约束问题在国有企业和民营企业中普遍存在。高管任职经历对于融资约束具有显著的缓解作用,但是高管任职经历毕竟不是一种正式的制度,企业也不能永远依靠高管任职经历解决融资约束的问题。在中美贸易摩擦和新冠肺炎疫情的双重影响之下,企业的经营会更加困难,对于资金的渴求也会更加强烈,如果融资约束的问题不能得到有效缓解,就会严重束缚企业的研发创新行为,也会延缓我国经济的整体发展速度。所以政府要采用多种路径帮助企业解决资金问题,促进金融市场上融资供求的合理分配。

4. 推进政策完善,鼓励平稳的现金股利政策

根据本章的结论,虽然我国在规范市场现金股利分配政策方面已经做了很多努力,但是依然存在着长期不发放任何现金股利、高送转炒作、分红不稳定、为满足融资需求突击发放高额现金股利等乱象。因此,从政策的维度来讲,应对上市公司现金股利的平稳支付要求进一步完善,引导上市公司在较长的时间内保持平稳或持续增长的方式向股东支付现金股利,而对为满足融资需求突击发放现金股利的行为加以限制。

5. 上市公司要围绕提升核心竞争力展开经营

在研究中已经发现,有上市公司依靠高管任职经历获取了外部资金的支持,但是依然存在经营不善导致企业破产清算的现象。因此,企业可持续发展的根本在于内部核心竞争能力,高管任职经历只是在现阶段能够提供一定的助力。随着政策的不断完善、市场水平的不断提高,这种助力功能很可能逐渐消失,能够让企业长久生存的依然是企业自身的业绩水平。企业只有通过核心优势不断提高财务业绩,能够为股东稳定地支付较高水平的现金股利,同时注重信息披露,降低信息不对称程度,才能让企业各利益相关者的权益得到保障,融资约束的问题也就可以得到最大限度解决。

第4章 融资约束与现金股利政策

4.1 理论分析与研究假设

在本书第3章中,将融资约束视为中介变量进行了检验,发现了其在高管任职经历与现金股利政策之间发挥的作用。因高管任职经历数据被大量手动搜集,对于该数据不确定的样本也进行了剔除,剩余的样本相对较少,可能降低代表性。为了避免高管任职经历数据对样本造成的限制,进一步确定融资约束与企业现金股利政策之间的联系,本章不考虑高管任职经历变量,将融资约束视为解释变量,扩大样本后分析在2016—2020年融资约束与企业现金股利政策之间的关联。因在前文已经探讨了很多关于融资约束与现金股利政策关系的研究,本章对此简略进行理论分析,并提出研究假设。

1. 融资约束与现金股利支付水平

前文对融资约束与现金股利支付水平之间关联的原理已经进行过较多论述,并且第3章的实证检验结果也得出了融资约束会抑制现金股利支付水平的结论。也就是说,在本书研究所选的特定期间内,上市公司考虑更多的是企业的安全性问题,因此会调减现金股利的幅度。风险是企业决策的重要博弈要素,当融资约束程度升高时,融资成本也会随之增加,风险的压力变得越来越重,这会直接导致上市公司减少现金股利的支付。这也是多数学者认可的结论。融资约束还会在资金使用灵活性上给企业带来许多限制。外部投资者在提供资金时,不仅会提高期望收益率,还会对资金的使用途径进行限定以降低风险,或者要求企业提供担保等,这都会增加企业外部融资的无形成本。无论是从安全的角度还是从经济利益的角度出发,这样的情境都会增加管理层选择内源资金满足需求的概率。基于以上分析,提出本章的假设4.1。

假设4.1 融资约束对现金股利支付水平具有抑制作用。

在第3章中,本书重点研究融资约束的中介作用,而没有对融资约束在国有企业和民营企业中与现金股利支付水平的具体关联程度进行详细分析,本章将解决这一问题。一般认为民营企业面临的融资约束更大,这是因为绝大多数金融机构在贷出资金时都会严格评估风险,而国有企业因为有国有资金的注入,管理上要求也更为严格,因此风险水平较低。而民营企业想要获取与国有企业同样快捷、足额的资金不得不以更高的用资成本为代价,这在一定程度上增加了民营企业的用资风险,出现了民营信贷歧视问题。当经济处于低谷而市场上流动性较为紧张时,国有企业的资金输入渠道相对于民营企业来说会更占优势,民营企业的资金来源会被进一步压缩。近年来,我国经济下行压力增大,中美贸易摩擦不断升级,金融去杠杆力度增强,这些因素使民营企业融资更是举步维艰。2020年爆发的新冠肺炎疫情一直持续至今,致使民营企业面临的市场环境显著恶化,内部经营压力不断增大,资金问题比以往更加突出,这必然造成民营企业对内部留存收益的依赖程度较大,现金持有动机更强,现金股利支付水平会相对较低。

同时,国有企业同样面临严峻的经营挑战,在市场压力较大的前提下依然支付较高水平的现金股利,这会造成国有企业流动性的快速降低。而由于国有企业面临的监管非常严格,各项财务指标都有具体约束,盈利压力比民营企业更大,因此,国有企业在面临融资约束问题时也可能因为考核的压力,将更大比例地留存现金以把握未来的发展机会,而发放较少的现金股利。

基于以上分析,提出本章的假设 4.1a 和 4.1b。

假设 4.1a　融资约束在民营企业中抑制现金股利支付水平的作用更强。

假设 4.1b　融资约束在国有企业中抑制现金股利支付水平的作用更强。

2. 融资约束与现金股利平稳性

本书第 3 章对于融资约束与现金股利平稳性的相互关联已经进行了实证研究,所选样本的回归结果显示融资约束程度的提高反而有利于现金股利的平稳支付,在第 3 章中,本书也给出了相应的解释。现金股利平稳程度与支付水平高低没有必然联系,它是连续多期现金股利趋同性的衡量指标,因此现金股利平稳性与融资约束形成的关联与现金股利支付水平有可能不同。但这也可能是因为第 3 章中高管任职经历指标的存在,剔除了较多样本之后形成结果,放开约束条件后可能出现不同的结论,本章希望进一步讨论。根据第 3 章样本的回归结果,提出假设 4.2。

假设 4.2　企业融资约束对于现金股利平稳性具有正向作用。

如前文所述,国有企业的经营管理要受到严格的监管,考核的压力会迫使管理层必须注重企业的可持续发展能力。因此,在面临良好的发展机会时,国有企业会调动尽可能多的资源进行投资,以期快速成长;而投资机会匮乏,企业资金又相对充足时,市值考核以及股东回报的压力又会促使国有企业支付较高额度的现金股利。据此,当经济环境出现较为剧烈的变革时,国有企业可能对融资约束问题的感受更重,导致现金股利的波动性更强。

同时,民营企业由于禀赋相对较差,在融资中得到金融机构的评分较低而难以获得低息贷款,研发投入及技术实力偏弱也难以获取创新资金的支持,在这样的压力下,很可能对环境的变化以及融资的压力更为敏感。因此,民营企业在制定现金股利政策时有可能受到外部因素更大的干扰而难以维持平稳状态。

基于以上分析,提出本章的假设 4.2a 和 4.2b。

假设 4.2a　融资约束增强现金股利平稳性的作用在民营企业中更突出。

假设 4.2b　融资约束增强现金股利平稳性的作用在国有企业中更突出。

4.2　研　究　设　计

4.2.1　样本选择与数据来源

与前文保持一致,本章依然以 2016—2020 年为时间界限,以 A 股上市公司为对象。为了能够保证样本公司现金股利平稳性的数据充足,本章将 2014 年和 2015 年的相关数据也纳入了计算。财务数据依然来源于 CSMAR 数据库,为保证样本数据的代表性、严谨性,尽可能降低干扰因素造成的负面影响。本章按照以下方式对样本进行了剔除:

(1)剔除金融类上市公司。

(2)剔除实际控制人不存在或当年发生变更的公司。本章在第 3 章的研究基础上将问题细化,希望探究融资约束对国有企业和民营企业现金股利决策影响程度的差别。若无法获得实际控制人信息可能导致产权性质指标缺失;若实际控制人当年发生变更,可能导致产权性质发生变化。这两种情况都会对本章的研究结果产生不利影响,因此将其剔除。

(3)剔除样本期间被 ST、*ST 或 PT 的公司。

(4)剔除股利支付率大于 100%的公司。

(5)剔除计算变量所需的财务数据缺失的公司。

(6)剔除样本期间内总资产增长率过高(标准为大于1)的公司。

(7)剔除现金股利支付率为负的样本。这一剔除条件是希望将处于亏损状态仍发放现金股利的样本剥离,考核正常发放现金股利的样本公司决策共性。

在研究融资约束与现金股利支付水平的影响时,最终得到 9 403 个观测值,在研究融资约束与现金股利平稳性的影响时,共得到 7 393 个观测值,相对于第 3 章,样本数量有了明显的扩充。本章使用的统计分析软件为 Stata16.0。

4.2.2 变量定义

1.被解释变量

①现金股利支付水平

本章现金股利支付水平主要代理变量与第 3 章一致,采用上市公司当年的现金股利支付率表示。除此之外,为了进一步确定融资约束与现金股利之间的关联,还引入了每股税前现金股利这一绝对数指标衡量现金股利支付水平。这样,可以从相对数和绝对数两个角度考核融资约束产生的影响。

②现金股利平稳性

与前文保持一致,本章依然引入近三年每股税前现金股利的方差作为代理变量。

2.解释变量

本章的解释变量为融资约束。为与前文保持一致性,本章解释变量的计算方法与第 3 章相同,数据同样来源于 CSMAR 数据库。

3.控制变量

为提高研究的准确性,本章控制了一些可能影响现金股利支付水平和现金股利平稳性的变量,包括盈利特征、成长特征、杠杆特征、现金流特征、市场溢价特征、资产特征等方面的衡量指标。为了多角度研究融资约束与现金股利政策的关系,控制变量与第 3 章相比有一定的调整。各变量的具体定义见表 4.1。

表 4.1 变量定义表

变量类别	变量名	变量符号	变量定义
被解释变量	现金股利支付率	Dr	$\dfrac{当年每股税前现金股利}{当年每股收益}$
	每股税前现金股利	Dps	当年每股税前现金股利
	现金股利平稳性	Var	近三年每股税前现金股利的方差
解释变量	融资约束	KZ	同式(3.2)

表 **4.1**(续)

变量类别	变量名	变量符号	变量定义
调节变量	产权性质	*Soe*	国有企业＝1； 民营企业＝0
控制变量	总资产净利率	*ROA*	$\dfrac{当年净利润}{当年总资产平均余额}$
	总资产增长率	*Tagr*	$\dfrac{当年期末总资产－当年期初总资产}{当年期初总资产}$
	资产负债率	*Lev*	$\dfrac{当年期末负债总额}{当年期末资产总额}$
	每股经营活动产生的现金流量净额	*Cfops*	$\dfrac{经营性现金净流量}{普通股总数}$
	托宾 Q	*TobinQ*	$\dfrac{公司市值}{资产总额}$
	无形资产比率	*Ir*	$\dfrac{当年期末无形资产余额}{当年期末资产总额}$
	行业	*Industry*	第 *j* 行业＝1； 其他行业＝0
	年度	*Year*	第 *i* 年度＝1； 其他年度＝0

①总资产净利率,控制企业的盈利能力。

②总资产增长率,控制企业的增长速度。

③资产负债率,控制企业整体风险水平。

④每股经营活动产生的现金流量净额,这是本章新引入的控制变量,从定量的角度衡量每股现金流水平。这一指标是从动态的角度衡量样本公司支付现金股利的能力。如果样本公司具有创造充沛现金流的能力,那么一般就视为其更具备发放高额现金股利的条件。

⑤托宾 Q,控制企业市场溢价程度。

⑥无形资产比例,控制企业技术程度。

⑦行业,控制行业差异。

⑧年度,控制年度差异。

4.2.3　模型构建

本章的主要研究内容是融资约束对现金股利支付水平和现金股利平稳性的影响,因此本章构建以下两个模型。

为了检验假设 4.1,构建回归模型式(4.1):

$$Dr/Dps = \alpha_0 + \alpha_1 KZ + \sum \alpha_2 Controls + \sum Industry + \sum Year + \varepsilon \qquad (4.1)$$

为了检验假设 4.2,构建回归模型式(4.2):

$$Var = \beta_0 + \beta_1 KZ + \sum \beta_2 Controls + \sum Industry + \sum Year + \varepsilon \qquad (4.2)$$

在验证假设 4.1(a)和 4.1(b)时,对式(4.1)按照产权性质进行分组回归,在验证假设 4.2a 和 4.2b 时,对式(4.2)按照产权性质进行分组回归。

4.3 实证结果分析

4.3.1 描述性统计分析

1. 现金股利支付水平的描述性统计

融资约束与现金股利支付水平的描述性统计见表 4.2。

表 4.2 现金股利支付水平的描述性统计

变量	均值	标准差	最小值	中位数	最大值	样本量
Dr	0.319	0.199	0.005	0.287	0.964	9 403
Dps	0.176	0.208	0.007	0.100	1.200	9 403
KZ	0.412	2.098	−5.700	0.664	4.574	9 403
Soe	0.367	0.482	0.000	0.000	1.000	9 403
ROA	0.055	0.039	0.001	0.046	0.196	9 403
Tagr	0.146	0.176	−0.150	0.101	0.804	9 403
Lev	0.406	0.186	0.067	0.399	0.839	9 403
Cfops	0.648	0.959	−1.836	0.462	4.885	9 403
TobinQ	1.888	1.072	0.828	1.554	6.828	9 403
Ir	0.045	0.050	0.000	0.033	0.327	9 403

由表 4.2 可以看出,现金股利相对数指标的平均水平尚可,与我国相关政策规定的 30%界限非常接近,而标准差并不大,这代表样本公司的确会迎合政策规定现金股利支付的标准。一些公司的现金股利支付率达到了 96.4%,这表明异常现金股利情况在市场上依然存在。但是绝对数指标均值偏低,一方面是因为受到每股股价的直接影响,另一方面也与多数上市公司盈利水平不高密切相关。其标准差为 0.208,证明样本公司每股现金股利存在一定的差异。

融资约束指标的离散程度非常高,表明样本公司经营状态差异较大,获得资金的能力不具有趋同性,所以融资约束很可能对企业现金股利支付水平产生影响。

从产权性质的角度来讲,国有企业与民营企业的对比关系与第 3 章非常接近,民营企业占据重要地位,证明了民营经济的重要价值以及本章对产权性质进行细分的研究价值。控制变量的数据结果对样本公司的多方面特征具有说明作用。总资产净利率体现出了与第 3

章样本公司接近的特征。总资产增长率体现出样本公司的平均增长水平较快,但是观察平均值与中位数的关系会发现,两者差异较大,说明少数样本公司发展较快,而多数样本公司发展相对缓慢,离散程度较大。资产负债率的均值体现出了样本公司整体杠杆水平的可控性,也可以印证我国上市公司的整体风险在可接受的范围之内,去杠杆的政策体现出了良好的效果。但仍有少数上市公司负债水平在高度危险的范围之内。从每股经营活动产生的现金流量净额与绝对数现金股利支付水平的对比来看,样本公司对现金股利具有充分的保证能力,也说明样本公司具有提升现金股利的能力。少数样本公司的该指标值为负,可能存在经营活动造血功能缺失的问题。托宾 Q 证明样本公司普遍获得了市场的认可,处于良性发展状态,其现金股利政策自主制定的程度较高,这对本章要研究的问题具有良好的支持作用。无形资产比率说明多数样本公司技术水平和研发能力较为欠缺,也预示其创新投入占用的资金额度不高。

　　2. 现金股利平稳性的描述性统计

　　融资约束与现金股利平稳性的描述性统计见表 4.3。

表 4.3　现金股利平稳性的描述性统计

变量	均值	标准差	最小值	中位数	最大值	样本量
Var	0.005	0.009	0.000	0.001	0.037	7 393
KZ	0.428	1.908	−3.549	0.654	3.380	7 393
Soe	0.380	0.486	0.000	0.000	1.000	7 393
ROA	0.054	0.035	0.008	0.047	0.133	7 393
Tagr	0.140	0.149	−0.056	0.101	0.517	7 393
Lev	0.409	0.178	0.121	0.405	0.730	7 393
Cfops	0.656	0.727	−0.398	0.479	2.531	7 393
TobinQ	1.831	0.879	0.924	1.549	4.167	7 393
Ir	0.041	0.032	0.002	0.033	0.127	7 393

　　由表 4.3 可以看出,现金股利平稳性的均值为 0.005,一方面是因为绝对数现金股利值相对较低造成了均值结果偏低,另一方面也可以说明多数样本公司连续多期的绝对数现金股利波动不大。均值与标准差与前文研究的样本情况存在一定差异。

　　融资约束的最大值为 3.380,最小值为 −3.549,标准差为 1.908,数据与表 4.2 中的样本存在明显差异,这部分样本公司融资约束程度相对集中,但内部也有较大差别。针对这部分样本探究融资约束发挥的作用以及在国有企业和民营企业中的差别依然具有意义。

　　控制变量中的总资产增长率、资产负债率、每股经营活动产生的现金流量净额、托宾 Q 等离散程度依然较大。产权性质的均值为 38%,国有企业占比相较于现金股利支付水平的样本更高,但总体水平较为接近。总资产净利率指标平均值为 0.054,最大值为 0.133,这两个指标比现金股利支付水平的样本更低。总资产增长率指标与现金股利支付水平的样本相比,平均水平近似,但离散性较小,样本公司增长差异依然较大。资产负债率的平均值为 0.409,中位数为 0.405,比现金股利支付水平部分的样本更加接近,这一数据也说明样本总体负债水平在可接受的范围之内。资产负债率的最大值为 0.730,显著低于现金股利支付水平的样本水平。每股经营活动产生的现金流量净额高于现金股利支付水平部分的样本,同样存在部分负值。托宾 Q 指标弱于前述样本,但仍然表明了市场对样本公司的认可,可以说明其正常经营状态。无形资产比率更低,同样证明研发对样本公司现金的占用问题并不严重。

4.3.2　单变量分析

本章根据融资约束的中位数进行分组,小于中位数的样本公司归类为低约束组,其余样本公司归类为高约束组。以此进行现金股利支付水平的均值和现金股利平稳性的均值差异 T 检验,以判断融资约束作用的差异性,结果见表 4.4。

表 4.4　融资约束的单变量 T 检验结果

变量	低约束组		高约束组		均值检验	T 值
	样本量	平均值	样本量	平均值		
Dr	4 702	0.371	4 701	0.267	0.104 ***	26.304
Dps	4 702	0.241	4 701	0.110	0.131 ***	32.174
Var	3 696	0.030	3 697	0.005	0.025 ***	4.266

从表 4.4 可以看出,两组样本公司的三个指标都体现出了 1% 水平的显著性差异,初步表明融资约束对这三个指标都会产生不容忽视的影响,本章的研究具有意义。而这三个指标的数据形成的均值结果均是高约束组低于低约束组,说明融资约束抑制了现金股利的相对数和绝对数支付水平,融资约束程度较高的企业会倾向于发放相对少量的现金股利以应对未来的运营需求和潜在的风险,初步验证了本章提出的假设 4.1。而现金股利平稳性的逆指标特性说明,低约束组的近三年现金股利波动性更为明显,而高约束组现金股利波动性反而很平稳,这与第 3 章得出的结论是一致的,而本章提出的假设 4.2 也初步得到了验证。

4.3.3　相关性分析

按照与第 3 章相同的模式,本章首先进行相关性分析,以确定变量之间的相关系数与方向。这不仅可以初步检验假设的合理性,还可以检验所选的控制变量是否可靠。本章用 Stata16.0 软件对变量进行了 Pearson 相关系数检验。

表 4.5 中变量的相关性检验结果表明,代表融资约束程度的 KZ 指数与现金股利支付率的相关系数为 -0.322,与每股税前现金股利的相关系数为 -0.451,与本章单变量分析中得出的相关方向及显著程度相同。初步验证了本章提出的假设 4.1。

表 4.5 中产权性质体现出的显著性结果表明在国有企业和民营企业之中很可能存在着融资约束程度的差别,而现金股利支付率受到这一差别影响的概率也会很大。但其与绝对数现金股利支付水平并不显著相关,说明绝对数指标的影响因素更为复杂,在体现本章要研究的问题方面有效性低于相对数指标。

表 4.5 现金股利支付率的相关性检验

	Dr	Dps	KZ	Soe	ROA	Tagr	Lev	Cfops	TobinQ	Ir
Dr	1.000	—	—	—	—	—	—	—	—	—
Dps	0.404***	1.000	—	—	—	—	—	—	—	—
KZ	-0.322***	-0.451***	1.000	—	—	—	—	—	—	—
Soe	-0.035***	-0.014	0.176***	1.000	—	—	—	—	—	—
ROA	0.054***	0.561***	-0.613***	-0.201***	1.000	—	—	—	—	—
Tagr	-0.131***	0.097***	-0.102***	-0.211***	0.162***	1.000	—	—	—	—
Lev	-0.179***	-0.082***	0.621***	0.264***	-0.438***	0.116***	1.000	—	—	—
Cfops	0.000	0.481***	-0.361***	0.102***	0.280***	-0.004	0.100***	1.000	—	—
TobinQ	0.032***	0.136***	-0.159***	-0.187***	0.439***	0.123***	-0.368***	0.026**	1.000	—
Ir	-0.007	-0.030***	0.022*	0.086***	-0.029***	-0.022*	0.018*	0.078***	-0.073***	1.000

在控制变量方面,总资产净利率的显著性特征以及相关方向意味着盈利能力是本章被解释变量和解释变量的重要影响因素,可能对现金股利政策存在较大的正向影响功能,而对融资约束存在较大的负向影响功能。此外,国有企业在利用资产获取回报的能力方面相对于民营企业很可能存在着劣势。总资产增长率与多种变量都体现出了显著的关联,但其与相对数现金股利和绝对数现金股利的相关方向出现了截然相反的结果,并不能充分确定它具体的影响方向。这一指标与融资约束体现出的关系符合一般的认知,而与产权性质的关联进一步证明了民营企业发展更快。资产负债率与相对数现金股利和绝对数现金股利的相关方向一致,表明较高的资产负债率会降低企业的现金股利支付水平。其与融资约束的正相关性也证明了高杠杆样本公司在融资问题上的窘迫。国有企业的负债水平高于民营企业可能是因为国有企业融资压力较小,可以借助债务资金的低成本优势和杠杆功能支撑企业的发展。每股经营活动产生的现金流量净额与相对数现金股利和绝对数现金股利的相关属性不同。这表明当公司通过经营活动给企业带来更多的现金净流入时,企业现金充足,因此发放给股东的绝对数现金股利也会增加,但对相对数的影响并不确定。这一指标对于融资约束也构成了实质性的负向影响,而与产权性质的显著正相关传递了国有企业资金更加充足的信息。托宾 Q 的数据说明企业在市场溢价较高时,发放的现金股利也会更多,或者企业发放较高的现金股利,对投资人具有更强的信号传递作用,从而吸引资金购买其股票,推高溢价幅度。数据还表明融资约束对市场溢价具有不利影响。国有企业样本的市场溢价程度相对较低,这可能是因为国有企业通常规模更大、发展态势更加成熟,而民营企业拥有更多的成长空间所致。无形资产比率仅与绝对数现金股利具有显著的负向关联,表明这一要素的影响并不确定,可能创新的投入限制了绝对数现金股利的支付。但是前文已经表明,样本公司整体无形资产比率不高,这一效应所产生的影响并不明显。而数据显示,国有企业在创新投入和技术水平上优于民营企业。表 4.5 中系数的绝对值排除了多重共线性影响问题分析结论的可能性。

表 4.6 列示了现金股利平稳性研究样本的相关性情况。观察融资约束与现金股利平稳性的相关系数特征可以发现,与本书第 3 章得出的结论一致,又一次印证了本章提出的假设 4.2。

产权性质与现金股利平稳性具有显著相关关系,说明产权性质可能对现金股利平稳性产生影响,国有企业可能是基于监管的要求和自身财力的基础,更倾向于稳定支付现金股利。

在控制变量方面,除了无形资产比率以外,其他的变量都与现金股利平稳性存在显著的相关性。总资产净利率的相关属性与第 3 章相同,这意味着获利水平较为突出的样本公司其现金股利反而波动较大。总资产增长率的数据说明当企业发展速度较快时,现金股利波动性会随之增强,与第 3 章实证的结论相反。资产负债率指标呈负相关属性,也与第 3 章实证的结论相反。每股经营活动产生的现金流量净额也与第 3 章的现金持有率呈相反的相关属性,从另一个角度说明现金股利支付能力与平稳程度呈反向关联特性。托宾 Q 的数据也与第 3 章实证研究结果呈不同特点。无形资产比率相对于第 3 章的研究,在扩大样本后,其显著性消失了,说明无形资产比率可能并不会对现金股利平稳性产生实质性的影响。表 4.6 中的系数排除了多重共线性影响问题分析结论的可能性。

表 4.6 现金股利平稳性样本的相关性检验

	Var	KZ	Soe	ROA	Tagr	Lev	Cfops	TobinQ	Ir
Var	1.000	—	—	—	—	—	—	—	—
KZ	-0.245 ***	1.000	—	—	—	—	—	—	—
Soe	-0.068 ***	0.169 ***	1.000	—	—	—	—	—	—
ROA	0.307 ***	-0.617 ***	-0.203 ***	1.000	—	—	—	—	—
Tagr	0.058 ***	-0.078 ***	-0.213 ***	0.167 ***	1.000	—	—	—	—
Lev	-0.069 ***	0.640 ***	0.254 ***	-0.458 ***	0.130 ***	1.000	—	—	—
Cfops	0.287 ***	-0.333 ***	0.128 ***	0.279 ***	0.007	0.144 ***	1.000	—	—
TobinQ	0.062 ***	-0.193 ***	-0.215 ***	0.446 ***	0.138 ***	-0.401 ***	-0.021 *	1.000	—
Ir	-0.016	-0.015	0.027 *	0.003	-0.034 ***	-0.046 ***	0.080 ***	-0.034 ***	1.000

4.3.4 实证结果分析

1. 融资约束与现金股利支付水平

针对本章提出的假设4.1,通过式(4.1)进行回归,结果列示于表4.7和表4.8。

表4.7 融资约束与现金股利支付率的回归结果

变量	全样本(1)	国有企业(2)	民营企业(3)
	Dr	Dr	Dr
KZ	$-0.070***$	$-0.055***$	$-0.078***$
	(-44.64)	(-20.08)	(-39.73)
ROA	$-1.330***$	$-1.095***$	$-1.458***$
	(-19.78)	(-9.71)	(-17.46)
$Tagr$	$-0.239***$	$-0.196***$	$-0.264***$
	(-21.27)	(-8.91)	(-19.29)
Lev	$0.303***$	$0.209***$	$0.373***$
	(18.00)	(7.63)	(16.90)
$Cfops$	$-0.051***$	$-0.033***$	$-0.067***$
	(-21.35)	(-10.43)	(-18.66)
$TobinQ$	$0.035***$	$0.028***$	$0.041***$
	(15.96)	(7.39)	(14.92)
Ir	0.038	-0.064	$0.171***$
	(0.95)	(-1.34)	(2.61)
$Constant$	$0.320***$	$0.339***$	$0.306***$
	(15.23)	(10.28)	(11.41)
$Chi2$	$Chi2$	$42.140***$	
$Observations$	9 403	3 452	5 951
$R-squared$	0.236	0.169	0.279
$Industry$	控制	控制	控制
$Year$	控制	控制	控制

表 4.8　融资约束与每股税前现金股利的回归结果

变量	全样本(1)	国有企业(2)	民营企业(3)
	Dps	Dps	Dps
KZ	−0.023＊＊＊	−0.011＊＊＊	−0.028＊＊＊
	(−16.55)	(−4.19)	(−17.04)
ROA	2.436＊＊＊	3.379＊＊＊	2.040＊＊＊
	(41.81)	(32.28)	(29.34)
Tagr	−0.021＊＊	0.058＊＊＊	−0.032＊＊＊
	(−2.17)	(2.82)	(−2.79)
Lev	0.239＊＊＊	0.202＊＊＊	0.251＊＊＊
	(16.38)	(7.96)	(13.66)
Cfops	0.053＊＊＊	0.055＊＊＊	0.050＊＊＊
	(25.41)	(18.79)	(16.60)
TobinQ	−0.002	−0.010＊＊＊	0.001
	(−1.06)	(−2.77)	(0.62)
Ir	−0.130＊＊＊	−0.123＊＊＊	−0.160＊＊＊
	(−3.76)	(−2.77)	(−2.93)
Constant	−0.079＊＊＊	−0.110＊＊＊	−0.061＊＊＊
	(−4.33)	(−3.58)	(−2.74)
Chi2	Chi2	21.170＊＊＊	
Observations	9 403	3 452	5 951
R-squared	0.474	0.513	0.471
Industry	控制	控制	控制
Year	控制	控制	控制

　　表 4.7 分三列列示了现金股利支付率的全样本、国有企业子样本和民营企业子样本的回归结果。融资约束在三组样本中都体现了与现金股利支付率的显著负相关特征,支持本章所提出的假设 4.1。同时,表 4.8 同样分三列列示了每股税前现金股利的全样本、国有企业子样本和民营企业子样本的回归结果。融资约束在三组样本中的显著负相关结果进一步证实了表 4.7 的研究结论。这说明融资约束对相对数现金股利和绝对数现金股利都具有显著的抑制作用,再次证明本章的假设 4.1 成立。这一结论与第 3 章完全相同,说明第 3 章的结果并没有受到样本数量的影响。

　　控制变量方面,将表 4.7 和表 4.5 进行对比,会发现全样本中总资产净利率、资产负债率的相关关系发生了反转,每股经营活动产生的现金流量净额由不显著转为了显著负相关,其余变量的相关特性未发生变化。表4.8与表4.7经过对比后发现,总资产净利率、每股经营活动产生的现金流量净额的相关方向出现了反转,而托宾Q没有通过显著性检验,无形资产比例由不显著转变为了显著负相关。出现这些现象的原因在于现金股利支付率为相对数,是企业在盈利中用于现金股利支付的比例,而每股税前现金股利是绝对数,是每只股票发放的现金股利额度,绝对数指标会受到企业股本数量以及每股价值不同的影响,在衡量现金股利支付水平上不如相对数指标更有代表性。因此,本章对绝对数现金股利的研究仅作为一种补充印证,主体上以现金股利支付率指标的结果为准。

在表4.7中,总资产净利率与现金股利支付率的相关属性与第3章实证研究部分保持了一致,这是加入较多变量之后回归得出的结果,应比表4.5中的结论更加可靠,意味着盈利能力较强的公司其现金股利支付率反而相对较低。这可能是因为当今中国的资本市场正处于一个动荡的阶段,无论是中美贸易摩擦,还是2019年爆发的新冠肺炎疫情,都对资本市场和企业的经营带来了巨大的冲击,在这样严重的经营压力之下,管理层出于对公司未来发展的考虑,可能在公司盈利较高的水平下也会减少现金股利的发放,而是增加现金储备把握更好的投资机会以应对未来不断增强的挑战。盈利能力较低的企业支付更高比例的现金股利,可能是因为它们要保证一定的绝对数现金股利额,以维护与投资人之间的关系,也可能是融资政策压力下一种无奈选择。总资产增长率在表4.5、表4.7和表4.8中体现了相同的特性,且与第3章实证研究结果一致,充分证明快速发展的样本公司对内源资金依赖程度更高,而减少了现金股利的支付。资产负债率的相关关系出现了反转,呈现与第3章一致的结论,一方面可能是因为企业资产负债率较高时,潜在的融资需求更大,缓解融资约束的愿望更加强烈,另一方面可能是资产负债率较高的企业对外部资金的杠杆价值利用得更好,为股东赚取的收益更多,因此会发放更高水平的现金股利。每股经营活动产生的现金流量净额在加入多个变量进行回归后,体现出了显著的负相关关系,这可能是动态现金流充沛的样本公司,拥有更多的优质投资机会,会消耗更多的内部资金以实现跨越式的发展,也可能是因为受中美贸易摩擦和新冠肺炎疫情的影响,外部风险较高,样本公司出于避险的目的有计划地储备资金。托宾Q与相关性分析和第3章实证分析结论的一致性证明了,市场认可度高的上市公司其现金股利发放程度也较高,两者应是交互相关的关系。在表4.8中,无形资产比率与每股税前现金股利呈显著负相关,表明无形资产较高的企业往往更加重视研发,用于现金股利支付的绝对数额相对偏低。

本章又将全样本划分为国有企业和民营企业两个子样本,研究融资约束对现金股利支付水平的影响。

表4.7第(2)列国有企业子样本的数据表明国有企业融资约束会抑制现金股利支付水平,控制变量中除了无形资产比率与现金股利支付率的关系同全样本的回归结果不同(两者都不显著),其他控制变量相关方向及显著程度没有改变。第(2)列和第(3)列融资约束系数的不同表现出民营企业现金股利发放受融资约束的抑制可能比国有企业略强。而在第(3)列的民营企业子样本中,无形资产比率与现金股利支付率呈显著正相关关系,可能是因为无形资产较高的民营企业经营业绩更好,更有意愿也更有能力向股东支付高额现金股利以获得股东的支持。

在表4.8中,融资约束在国有企业和民营企业的不同抑制作用特征与表4.7相同,从绝对数的角度印证了表4.7的结论。在第(2)列的国有企业数据中,控制变量除了总资产增长率和托宾Q与每股税前现金股利的关系同全样本存在差异外,其他控制变量相关方向及显著程度没有改变。其中总资产增长率与每股税前现金股利的相关关系与总样本恰好相反,也与表 4.7 中的数据恰好相反,应该是由绝对数指标造成的影响。托宾 Q 指标由不显著转变为了显著负相关,可能意味着现金股利绝对额支付较少的样本公司将保留的资金进行了更为有效的利用,更加受到投资人的青睐。值得注意的是,第(3)列民营企业样本数据中所有变量呈现的特征与总样本几乎完全一致,这可能是因为民营企业在总样本中的比重较大形成的影响,而国有企业多数变量特征也与民营企业相同。两个表的结果显示,虽然在国有企业和民营企业中融资约束与现金股利支付水平都有显著的负相关关系,但是在民营企业中融资约束与现金股利支付水平的回归系数的绝对值大于国有企业的绝对值,两组样本这一系数经 Chi2 检验后证明具有显著差异性,本章提出的假设 4.1a 成立,即与国有企业相比,融资约束对现金股利支付水平的抑制作用在民营企业中更强。这可能是因为民营企业可抵押资产较少,实力相对较弱,从银行贷款、发行债券等金融渠道获取融资支持的难度较大,争取政府有限的资金也难以成功,这必然导致民营企业更加谨慎地考虑内源现金的有效利用,多种现金持有动机得到强化,现金股利的发放自然减少。

综上所述,通过对全样本进行回归发现融资约束会抑制现金股利支付水平,假设 4.1 得到验证。相较于国有企业,融资约束对现金股利支付水平的抑制作用在民营企业中更强,假设 4.1a 得到验证。

2.融资约束与现金股利平稳性

针对本章提出的假设 4.2,通过式(4.2)进行回归,结果列示于表 4.9。

表 4.9　融资约束与现金股利平稳性的回归结果

变量	全样本(1)	国有企业(2)	民营企业(3)
	Var	Var	Var
KZ	0.022 ***	0.035 ***	0.018 ***
	(10.67)	(9.86)	(6.97)
ROA	0.585 ***	0.550 ***	0.575 ***
	(6.72)	(3.51)	(5.43)
Tagr	0.042 ***	0.098 ***	0.017
	(2.69)	(3.27)	(0.90)
Lev	−0.237 ***	−0.336 ***	−0.201 ***
	(−10.49)	(−9.46)	(−6.51)
Cfops	0.085 ***	0.083 ***	0.095 ***
	(44.49)	(37.37)	(27.01)
TobinQ	−0.010 ***	−0.004	−0.014 ***
	(−3.97)	(−0.88)	(−4.58)

表 4.9(续)

变量	全样本(1)	国有企业(2)	民营企业(3)
	Var	Var	Var
Ir	−0.069	−0.055	−0.148
	(−1.51)	(−1.12)	(−1.64)
Constant	0.063 * *	0.065	0.065
	(2.03)	(1.39)	(1.58)
Chi2	Chi2	1.03	
Observations	7 393	2 813	4 580
R−squared	0.240	0.383	0.165
Industry	控制	控制	控制
Year	控制	控制	控制

　　表 4.9 中第(1)列数据说明融资约束程度较高的企业现金股利的波动性更强,与本章提出的假设 4.2 相反,也与第 3 章得出的结论相反。可能是因为企业面临的融资约束程度较高时,在当前的不确定经济环境中面临的风险也就越大,企业可能在经营情况较差时选择较少的现金分红,而在经营情况较好时进行突击性的弥补,以获得再融资条件。同时,当企业面临较大的融资约束时,公司经营在较大程度上依赖内部资金,可能没有足够的资金来保持稳定的现金股利,因此会降低现金股利的平稳程度。与第 3 章的内容进行对比,这应该是扩大了样本、调整了控制变量之后出现的现象。从结果分析来看,融资约束会抑制上市公司现金股利支付水平这一结论是确定的,但是融资约束与现金股利平稳性之间的关系会受到样本量和控制变量的影响,从代表性的角度来说,本章的结论很可能更加可靠。

　　在控制变量方面,与表 4.6 对比中发现,仅有托宾 Q 的相关关系出现了反转,其他变量的相关方向和显著性与相关性分析的结论一致。总资产净利率保持了正相关的属性,与第 3 章的研究结论相同。总资产增长率的回归结果证明了相关性分析中的结论,但是与第 3 章的实证研究结果相反,说明快速发展的企业各种管理行为都在不断地调整,随着盈利水平的提高也会将更多的资金分享给股东,现金股利的波动性也较强。资产负债率在表 4.9 中保持了负相关关系,同样呈现了与第 3 章实证结果相反的特征,这可能是因为资产负债率高的企业,更希望稳定投资者和其他利益相关者的信心,每年发放的现金股利相差不大。每股经营活动产生的现金流量净额的回归结论说明了经营活动造血功能较强的样本公司现金股利波动性更大,这可能是决策自主性较强造成的,也可能是各期现金股利增长幅度较大造成的。托宾 Q 相关关系的反转否定了相关性分析中的结论,也与第 3 章实证分析结果不同,体现出高溢价的样本公司现金股利更加稳定,也可能是平稳的现金股利得到的市场认可度更高,股东乐于购买现金股利支付水平较高又能长期保持的上市公司的股票,因此推高了这些公司的市场溢价。

　　本部分内容又将样本公司划分为国有企业和民营企业两个子样本对融资约束与现金股利平稳性之间的关系进行研究,如表 4.9 第(2)列和第(3)列所示。融资约束在两组子样本中体现出的相关特性与总样本相同。国有企业控制变量中除托宾 Q 之外,其他控制变量与现金股利平稳性的关系和全样本的回归结果一致。在民营企业的子样本中,融资约束与现金股利平稳性之间的相关系数为 0.018,小于国有企业,这可能说明融资约束的抑制作用在国有企业中更强。民营企业控制变量中除总资产增长率之外,其他控制变量与现金股利平稳性的关系与全样本的回归结果一致。总资产增长率与现金股利平稳性的关系在民营企业样本中未通过显著性检验,说明民营企业并不根据发展情况来进行现金股利平稳性的决策。虽然在国有企业和民营企业中融资约束与现金股利平稳性相关系数存在差异,但是 Chi2 检验的结果表明这一差异不具有显著性特征,假设 4.2a 和 4.2b 不成立,说明在国有企业与民营企业中,融资约束对现金股利平稳性的作用并无显著差别。一方面,国有企业具有先天优势,可以缓解融资约束的压力,也能够更容易地从银行等金融机构获得贷款,因此国有企业融资约束会降低,从而对现金股利平稳性的影响变小。另一方面,为了破解民营企业的"融资难"困境,政府多维度的政策支持与帮扶措施逐渐体现出了效果,民营企业融资约束缓解后对现金股利平稳性形成的不良影响呈现了逐步减轻的趋势。因此,国有企业与民营企业之间的融资约束作用程度逐渐模糊化,公平程度在提高。

综上所述,通过对全样本进行回归发现融资约束与现金股利平稳性呈正相关关系,与本章提出的假设 4.2 相反。而分组回归之后的结果没有发现融资约束对现金股利平稳性的作用在国有企业和民营企业中存在显著差异。

4.3.5　内生性分析

前文的分析只能证明相关性的存在,但是无法解决内生性问题。为此本部分采用工具变量法解决这一问题,力求明确前文研究的因果关系。本章选取的工具变量为滞后一期的 KZ 指数,在这里进行两阶段最小二乘法分析。

一方面,滞后一期的融资约束(KZ_{t-1})对企业当期融资约束会产生一定的影响,所以该工具变量满足了相关性假设。另一方面,当期现金股利支付水平不会对滞后一期的融资约束产生影响,满足排他性假设。表 4.10 和表 4.11 列示了内生性分析结果。从表 4.10 的 Panel A 中可以看出,滞后一期的融资约束确实会显著影响企业当期融资约束水平,也排除了弱工具变量的可能。从表 4.10 的 Panel B 中可以看出,在全样本中,拟合后的 KZ 指数与相对数现金股利显著负相关。从表 4.11 的 Panel B 中可以看出,拟合后的 KZ 指数与绝对数现金股利依然显著负相关。表 4.10 和表 4.11 的结果表明内生性问题得到解决,融资约束可以对样本公司的现金股利支付水平造成实质性影响。

表 4.10　融资约束与现金股利支付率引入工具变量的回归结果

变量	Panel A		
	全样本(1)	国有企业(2)	民营企业(3)
	KZ	KZ	KZ
KZ_{t-1}	0.290 * * *	0.342 * * *	0.258 * * *
	(29.15)	(21.82)	(21.27)

表 4.10(续1)

Panel A			
变量	全样本(1)	国有企业(2)	民营企业(3)
	KZ	KZ	KZ
ROA	−12.877 ***	−10.097 ***	−13.638 ***
	(−24.74)	(−12.38)	(−20.54)
Tagr	−1.754 ***	−1.720 ***	−1.854 ***
	(−19.71)	(−10.56)	(−17.35)
Lev	5.411 ***	5.075 ***	5.785 ***
	(54.18)	(35.44)	(42.91)
Cfops	−0.634 ***	−0.504 ***	−0.792 ***
	(−35.29)	(−24.00)	(−26.09)
TobinQ	0.445 ***	0.434 ***	0.454 ***
	(27.90)	(16.38)	(23.16)
Ir	1.154 ***	0.825 ***	1.992 ***
	(5.61)	(3.98)	(4.82)
Constant	−1.678 ***	−1.742 ***	−1.656 ***
	(−11.39)	(−8.37)	(−8.29)
Observations	8 336	3 294	5 042
R-squared	0.749	0.786	0.737
Industry	控制	控制	控制
Year	控制	控制	控制

Panel B			
变量	全样本(1)	国有企业(2)	民营企业(3)
	Dr	Dr	Dr
KZ	−0.095 ***	−0.079 ***	−0.106 ***
	(−21.43)	(−12.41)	(−17.08)
ROA	−1.813 ***	−1.517 ***	−2.001 ***
	(−16.88)	(−10.27)	(−13.66)
Tagr	−0.286 ***	−0.231 ***	−0.318 ***
	(−18.61)	(−8.90)	(−15.97)

表 4.10(续 2)

	Panel B		
变量	全样本(1)	国有企业(2)	民营企业(3)
	Dr	Dr	Dr
Lev	0.474 ***	0.370 ***	0.566 ***
	(13.68)	(7.56)	(11.43)
Cfops	−0.067 ***	−0.045 ***	−0.090 ***
	(−17.67)	(−10.11)	(−13.95)
TobinQ	0.049 ***	0.042 ***	0.056 ***
	(14.93)	(7.98)	(13.00)
Ir	0.044	−0.052	0.184 * *
	(1.04)	(−1.02)	(2.45)
Constant	0.268 ***	0.287 ***	0.249 ***
	(11.05)	(7.05)	(8.10)
Observations	8 336	3 294	5 042
R-squared	0.226	0.153	0.277
Industry	控制	控制	控制
Year	控制	控制	控制

表 4.11　融资约束与每股税前现金股利引入工具变量的回归结果

	Panel A		
变量	全样本(1)	国有企业(2)	民营企业(3)
	KZ	KZ	KZ
KZ_{t-1}	0.290 ***	0.342 ***	0.258 ***
	(29.15)	(21.82)	(21.27)
ROA	−12.877 ***	−10.097 ***	−13.638 ***
	(−24.74)	(−12.38)	(−20.54)
Tagr	−1.754 ***	−1.720 ***	−1.854 ***
	(−19.71)	(−10.56)	(−17.35)
Lev	5.411 ***	5.075 ***	5.785 ***
	(54.18)	(35.44)	(42.91)

表 4.11(续 1)

Panel A			
变量	全样本(1)	国有企业(2)	民营企业(3)
	KZ	*KZ*	*KZ*
Cfops	−0.634 ***	−0.504 ***	−0.792 ***
	(−35.29)	(−24.00)	(−26.09)
TobinQ	0.445 ***	0.434 ***	0.454 ***
	(27.90)	(16.38)	(23.16)
Ir	1.154 ***	0.825 ***	1.992 ***
	(5.61)	(3.98)	(4.82)
Constant	−1.678 ***	−1.742 ***	−1.656 ***
	(−11.39)	(−8.37)	(−8.29)
Observations	8 336	3 294	5 042
R−squared	0.749	0.786	0.737
Industry	控制	控制	控制
Year	控制	控制	控制

Panel B			
变量	全样本(1)	国有企业(2)	民营企业(3)
	Dps	*Dps*	*Dps*
KZ	−0.069 ***	−0.071 ***	−0.075 ***
	(−14.90)	(−9.66)	(−11.99)
ROA	1.567 ***	2.416 ***	1.116 ***
	(13.61)	(12.24)	(7.69)
Tagr	−0.103 ***	−0.050 *	−0.113 ***
	(−6.88)	(−1.82)	(−5.86)
Lev	0.577 ***	0.617 ***	0.605 ***
	(16.39)	(11.29)	(12.48)
Cfops	0.020 ***	0.022 ***	0.007
	(4.18)	(3.87)	(0.89)
TobinQ	0.025 ***	0.023 ***	0.029 ***
	(7.14)	(3.77)	(6.96)

表 4.11(续 2)

Panel B-工具变量法第二阶段

变量	全样本(1)	国有企业(2)	民营企业(3)
	Dps	*Dps*	*Dps*
Ir	-0.060*	-0.073*	-0.017
	(-1.81)	(-1.85)	(-0.29)
Constant	-0.192***	-0.250***	-0.179***
	(-8.20)	(-7.90)	(-5.12)
Observations	8 336	3 294	5 042
R-squared	0.409	0.441	0.400
Industry	控制	控制	控制
Year	控制	控制	控制

4.3.6 稳健性检验

4.3.6.1 替换变量

为保证研究的严谨性,进一步证明结论可靠,本章首先采用替代变量方法进行稳健性检验。

1. 替换现金股利支付水平的代理变量

首先,本章采用每股税前现金股利与每股营业收入之比作为现金股利分配水平的替换变量,对式(4.1)重新回归,结果列示于表 4.12。

表 4.12 融资约束与现金股利支付水平的回归结果

变量	全样本(1)	国有企业(2)	民营企业(3)
	*Dr*1	*Dr*1	*Dr*1
KZ	-0.008***	-0.001	-0.012***
	(-18.50)	(-0.81)	(-29.93)
ROA	0.424***	0.675***	0.311***
	(22.12)	(14.34)	(19.00)
Tagr	-0.027***	-0.009	-0.033***
	(-8.34)	(-0.98)	(-12.19)

表 4.12(续)

变量	全样本(1)	国有企业(2)	民营企业(3)
	Dr1	Dr1	Dr1
Lev	−0.005	−0.052 * * *	0.019 * * *
	(−1.04)	(−4.56)	(4.34)
Cfops	−0.009 * * *	−0.006 * * *	−0.011 * * *
	(−13.74)	(−4.47)	(−16.16)
TobinQ	0.003 * * *	−0.003 *	0.006 * * *
	(5.20)	(−1.70)	(11.05)
Ir	0.025 * *	0.009	0.035 * * *
	(2.20)	(0.44)	(2.69)
Constant	0.028 * * *	0.049 * * *	0.018 * * *
	(4.66)	(3.56)	(3.33)
Chi2	Chi2	39.78 * * *	
Observations	9 403	3 452	5 951
R-squared	0.265	0.192	0.417
Industry	控制	控制	控制
Year	控制	控制	控制

从表 4.12 中可以看出,全样本中融资约束和每股税前现金股利与每股营业收入之比的回归系数为−0.008,通过了 1%水平的显著性检验。上述结果意味着,替换了现金股利支付水平的测度方法之后,融资约束与现金股利支付水平的回归结果在全样本中仍然是显著的。在国有企业中,融资约束和每股税前现金股利与每股营业收入之比的回归系数为−0.001,关系不显著,而在民营企业中却呈现了显著的特征。通过对民营企业的样本中融资约束和每股税前现金股利与每股营业收入之比的回归系数和国有企业样本中的回归系数进行 Chi2 检验,结果表明,系数差异在 1%水平上显著,即与国有企业相比,融资约束对现金股利支付水平的抑制作用在民营企业中更强,结论稳健。将表 4.7 和表 4.8 的回归结果进行对比之后发现,只有部分控制变量的影响发生了一些变化。

其次,将现金股利水平替换为现金股利收益率进行回归,该指标的计算如下:

$$现金股利收益率 = \frac{每股税前现金股利}{年末股票收盘价}$$

回归结果见表 4.13。

表 4.13　融资约束与现金股利收益率的回归结果

变量	全样本(1)	国有企业(2)	民营企业(3)
	Dp	Dp	Dp
KZ	-0.002***	-0.002***	-0.003***
	(-24.65)	(-9.72)	(-25.53)
ROA	0.127***	0.194***	0.099***
	(29.89)	(23.45)	(21.19)
$Tagr$	-0.014***	-0.007***	-0.014***
	(-19.13)	(-4.48)	(-18.42)
Lev	0.025***	0.023***	0.026***
	(23.72)	(11.65)	(20.91)
$Cfops$	-0.001***	0.000	-0.002***
	(-5.27)	(0.09)	(-9.67)
$TobinQ$	-0.004***	-0.005***	-0.003***
	(-26.75)	(-19.41)	(-17.70)
Ir	0.006**	0.003	0.005
	(2.42)	(0.92)	(1.29)
$Constant$	0.004***	0.003	0.004***
	(2.71)	(1.28)	(2.86)
$Chi2$	$Chi2$	12.56***	
$Observations$	9 403	3 452	5 951
R-squared	0.376	0.411	0.388
$Industry$	控制	控制	控制
$Year$	控制	控制	控制

　　从表 4.13 中可以看出,全样本中的融资约束和现金股利收益率的回归系数为-0.002,通过了 1%水平的显著性检验。这一结果意味着,再次替换了现金股利支付水平的测度方法之后,融资约束与现金股利支付水平的回归结果在全样本中仍然是显著的。在国有企业和民营企业子样本中,融资约束和现金股利收益率的相关属性保持了一致,对比相关系数的绝对值可以发现,民营企业子样本中融资约束和现金股利收益率的绝对值大于国有企业子样本中该系数的绝对值,Chi2 检验证明了系数差异显著,即民营企业中融资约束的抑制作用强于国有企业,结论稳健。将表 4.7 和表 4.8 的回归结果进行对比之后发现,只有部分控制变量的影响发生了一些变化。

2. 替换现金股利平稳性的代理变量

本章采用每股现金股利变化系数(Div)表示现金股利平稳性,该指标的计算如下:

$$每股现金股利变化系数 = \frac{近三年每股税前现金股利标准差}{近三年每股现金股利均值}$$

该指标同样为逆向指标,指标值越大,现金股利的波动性就越强。回归结果见表4.14。

表4.14 融资约束与股利平稳性的回归结果

变量	全样本(1)	国有企业(2)	民营企业(3)
	Div	Div	Div
KZ	0.008 * * *	0.011 * * *	0.006 * *
	(3.71)	(2.72)	(2.43)
ROA	−0.236 * * *	−0.264	−0.230 * *
	(−2.60)	(−1.54)	(−2.14)
Tagr	0.014	−0.048	−0.002
	(0.84)	(−1.46)	(−0.11)
Lev	−0.057 * *	−0.030	−0.037
	(−2.40)	(−0.76)	(−1.19)
Cfops	0.002	0.003	0.001
	(0.78)	(1.29)	(0.27)
TobinQ	−0.005 *	−0.007	−0.004
	(−1.89)	(−1.54)	(−1.42)
Ir	−0.126 * * *	−0.151 * * *	−0.010
	(−2.66)	(−2.82)	(−0.11)
Constant	0.393 * * *	0.321 * * *	0.433 * * *
	(12.11)	(6.23)	(10.40)
Chi2	Chi2	0.80	
Observations	7 393	2 813	4 580
R−squared	0.028	0.054	0.024
Industry	控制	控制	控制
Year	控制	控制	控制

从表4.14中可以看出,融资约束与每股现金股利变化系数的回归系数为0.008,呈显著正相关。并且在两组子样本中融资约束与每股现金股利变化系数相关属性保持了一致,系数略有不同。上述结果意味着,在替换了现金股利平稳性的测度方法之后,融资约束与

现金股利平稳性的回归结果无论是在全样本中还是在子样本中,仍然显著的。两组子样本系数的 Chi2 检验结果表明不存在显著差异,结论稳健。通过与表 4.9 的回归结果对比之后发现,只有部分控制变量的影响发生了一些变化。

4.3.6.2　增加控制变量

考虑到前文控制变量相对较少,可能存在遗漏某些重要因素的问题,本章将加入控制变量进行稳健性分析。

首先,在研究融资约束与现金股利支付水平的影响时,本章增加企业规模、股权集中度、股权制衡度、高管薪酬(lnp)、现金持有率、流通股比例等变量,见表 4.15。

表 4.15　增加控制变量定义表

变量名	变量符号	变量定义
企业规模	$Size$	每年年末总资产的自然对数
股权集中度	$Top1$	第一大流通股股东持股比例
股权制衡度	$Herfindahl\_3$	前三位流通股股东持股比例的平方和
高管薪酬	lnp	前三名高管薪酬的自然对数
现金持有率	$Cash$	$\dfrac{当年期末货币资金余额}{当年期末资产总额}$
流通股比例	$Liquid$	$\dfrac{流通股股数}{总股数}$

回归结果见表 4.16 和表 4.17。

表 4.16　融资约束与现金股利支付率加入控制变量的回归结果

变量	全样本(1) Dr	国有企业(2) Dr	民营企业(3) Dr
KZ	-0.097***	-0.085***	-0.104***
	(-51.14)	(-24.89)	(-43.75)
ROA	-1.883***	-1.679***	-1.972***
	(-27.20)	(-14.68)	(-22.81)
Tagr	-0.257***	-0.208***	-0.275***
	(-23.01)	(-9.75)	(-20.30)
Lev	0.364***	0.263***	0.435***
	(20.52)	(9.16)	(18.86)

表 4.16（续）

变量	全样本（1）	国有企业（2）	民营企业（3）
	Dr	Dr	Dr
Cfops	−0.067＊＊＊	−0.052＊＊＊	−0.084＊＊＊
	（−27.73）	（−15.95）	（−23.05）
TobinQ	0.057＊＊＊	0.060＊＊＊	0.055＊＊＊
	（23.37）	（14.34）	（18.20）
Ir	−0.022	−0.084＊	0.071
	（−0.57）	（−1.82）	（1.11）
Size	0.006＊＊＊	0.022＊＊＊	−0.008＊＊
	（2.70）	（7.74）	（−2.40）
Top1	−0.000	−0.002＊＊＊	0.001
	（−1.14）	（−2.70）	（1.04）
Herfindahl_3	0.253＊＊＊	0.293＊＊＊	0.183＊＊
	（4.44）	（3.79）	（1.98）
lnp	0.011＊＊＊	−0.005	0.025＊＊＊
	（4.06）	（−1.28）	（6.36）
Cash	−0.534＊＊＊	−0.493＊＊＊	−0.546＊＊＊
	（−24.62）	（−13.84）	（−19.49）
Liquid	−0.046＊＊＊	0.008	−0.058＊＊＊
	（−3.82）	（0.42）	（−3.75）
Constant	0.104＊＊	−0.051	0.205＊＊＊
	（2.07）	（−0.68）	（2.89）
Chi2	Chi2	14.59＊＊＊	
Observations	9 386	3 445	5 941
R-squared	0.291	0.240	0.334
Industry	控制	控制	控制
Year	控制	控制	控制

表 4.17 融资约束与每股税前现金股利加入控制变量的回归结果

变量	全样本(1)	国有企业(2)	民营企业(3)
	Dps	Dps	Dps
KZ	-0.030 ***	-0.017 ***	-0.037 ***
	(-18.19)	(-5.38)	(-18.32)
ROA	2.044 ***	2.867 ***	1.675 ***
	(33.86)	(27.53)	(22.92)
Tagr	-0.025 **	0.051 ***	-0.046 ***
	(-2.57)	(2.65)	(-4.05)
Lev	0.162 ***	0.077 ***	0.220 ***
	(10.49)	(2.96)	(11.27)
Cfops	0.039 ***	0.039 ***	0.038 ***
	(18.57)	(13.26)	(12.26)
TobinQ	0.012 ***	0.013 ***	0.011 ***
	(5.68)	(3.38)	(4.35)
Ir	-0.155 ***	-0.132 ***	-0.195 ***
	(-4.61)	(-3.16)	(-3.63)
Size	0.026 ***	0.045 ***	0.014 ***
	(14.77)	(17.69)	(5.07)
Top1	-0.001 **	-0.001	-0.001 *
	(-2.02)	(-1.46)	(-1.66)
Herfindahl_3	0.275 ***	0.157 **	0.403 ***
	(5.53)	(2.23)	(5.15)
lnp	0.017 ***	0.008 **	0.023 ***
	(6.95)	(2.29)	(6.80)
Cash	-0.136 ***	-0.057 *	-0.188 ***
	(-7.17)	(-1.75)	(-7.95)
Liquid	-0.073 ***	-0.011	-0.097 ***
	(-7.07)	(-0.65)	(-7.34)
Constant	-0.818 ***	-1.179 ***	-0.585 ***
	(-18.74)	(-17.14)	(-9.75)

表 4.17(续)

变量	全样本(1)	国有企业(2)	民营企业(3)
	Dps	Dps	Dps
Chi2	Chi2	16.65 ***	
Observations	9 386	3 445	5 941
R-squared	0.506	0.571	0.496
Industry	控制	控制	控制
Year	控制	控制	控制

对比表 4.16 和表 4.17 第(1)列可以看出,融资约束与现金股利支付率和每股税前现金股利的系数分别为-0.097 和-0.030,即使加入多项控制变量之后,显著性结果也没有发生变化,本章提出的假设 4.1 稳健。

新增控制变量中企业规模与相对数现金股利和绝对数现金股利都呈现了显著正相关的关系,说明资产总量较大的企业倾向于支付较高水平的现金股利。这可能是因为公司规模相对较小,一般处于发展期,需要保留较多资金用于企业的快速成长,因此发放给股东的现金股利相对较少,而规模较大的企业,发展相对成熟,在市场上已经占有一定的地位,盈利水平与现金流具有相对充分的保障,能够将更多的现金用于股利支付。股权集中度与相对数现金股利相关性不显著,但是与绝对数现金股利呈显著负相关,这可能意味着第一大流通股股东掌握的股权越多,越能够按照自身的利益进行现金股利决策。股权制衡度与现金股利支付水平的正相关关系表明前三大流通股股东之间制衡度越高,样本公司越会向股东支付高额的现金股利。这也说明大股东之间的博弈力量均衡能够更好地维护全体股东的利益。即高管薪酬与相对数现金股利和绝对数现金股利都呈现了显著正相关的关系,表明企业通过对高管进行薪酬激励来缓解代理问题是有效的,即高管薪酬水平较高的企业向股东发放的现金股利更多。现金持有率与相对数现金股利和绝对数现金股利都呈现了显著负相关的关系,表明样本公司静态现金持有水平与发放的现金股利相互矛盾,这可能是受中美贸易摩擦和新冠肺炎疫情的影响,许多企业都意识到拥有更多流动性资产的重要性,而减少了现金股利的发放。流通股比例与现金股利支付水平在 1% 的水平上显著负相关。从表 4.16 和表 4.17 第(2)列可以看出,在国有企业子样本中,融资约束与现金股利支付率和每股税前现金股利的回归系数分别为-0.085 和-0.017,显著负相关。在第(3)列中可以看出,融资约束与现金股利支付率和每股税前现金股利的回归系数分别为-0.104 和-0.037,也均在 1% 的水平上显著负相关,民营企业子样本中融资约束与现金股利支付率和每股税前现金股利的系数绝对值均大于国有企业,Chi2 检验证明两者差异显著。即与国有企业相比,融资约束对现金股利支付水平的抑制作用在民营企业中更显著。与表 4.7 和表 4.8 的结果一致,结论稳健。

其次,在研究融资约束与现金股利平稳性时,增加高管薪酬变量,探究管理层的薪酬激励能否对现金股利平稳程度形成影响。结果见表 4.18。

表 4.18 融资约束与现金股利平稳性加入控制变量的回归结果

变量	全样本(1)	国有企业(2)	民营企业(3)
	Var	Var	Var
KZ	0.021 ***	0.035 ***	0.018 ***
	(10.43)	(9.78)	(6.79)
ROA	0.649 ***	0.628 ***	0.637 ***
	(7.40)	(3.97)	(5.98)
Tagr	0.040 * *	0.102 ***	0.014
	(2.53)	(3.41)	(0.70)
Lev	−0.214 ***	−0.322 ***	−0.173 ***
	(−9.32)	(−9.01)	(−5.51)
Cfops	0.086 ***	0.083 ***	0.096 ***
	(44.81)	(37.55)	(27.36)
TobinQ	−0.009 ***	−0.004	−0.013 ***
	(−3.83)	(−0.96)	(−4.34)
Ir	−0.072	−0.056	−0.154 *
	(−1.58)	(−1.15)	(−1.71)
lnp	−0.020 ***	−0.017 ***	−0.024 ***
	(−5.53)	(−3.35)	(−4.48)
Constant	0.340 ***	0.294 ***	0.388 ***
	(5.77)	(3.55)	(4.67)
Chi2	Chi2	1.09	
Observations	7 385	2 810	4 575
R-squared	0.243	0.385	0.169
Industry	控制	控制	控制
Year	控制	控制	控制

在表 4.18 第(1)列中,加入高管薪酬控制变量后,融资约束与现金股利平稳性的回归系数为 0.021,在 1%的水平上显著正相关,即融资约束对现金股利平稳性具有抑制作用,与本章提出的假设 4.2 结论依然相反。新增控制变量高管薪酬体现了显著的负相关特征,说明高管薪酬激励会对现金股利决策形成实质性影响,高管薪酬水平较高时,股东也可以获得相对稳定的现金股利支付。对比表 4.18 的第(2)列和第(3)列数据,加入高管薪酬控制变量后并没有改变融资约束的相关属性,在国有企业子样本中,融资约束与现金股利平稳

性的回归系数为 0.035,民营企业子样本为 0.018,Chi2 检验证明两个系数依然不存在显著差异,与表 4.9 中的结果一致,结论稳健。

4.3.6.3 改变回归模型

因为考虑到存在部分样本公司现金股利平稳性的衡量指标近三年方差为 0 的现象,所以本部分对回归模型进行替换,采用 Tobit 模型进行分析,结果列示于表 4.19。

表 4.19　融资约束与现金股利平稳性的 Tobit 回归结果

变量	全样本(1)	国有企业(2)	民营企业(3)
	Var	*Var*	*Var*
KZ	0.023 * * *	0.038 * * *	0.019 * * *
	(11.04)	(10.37)	(7.11)
ROA	0.639 * * *	0.668 * * *	0.606 * * *
	(7.17)	(4.17)	(5.60)
Tagr	0.048 * * *	0.098 * * *	0.025
	(3.01)	(3.21)	(1.27)
Lev	−0.241 * * *	−0.339 * * *	−0.206 * * *
	(−10.43)	(−9.40)	(−6.51)
Cfops	0.086 * * *	0.084 * * *	0.095 * * *
	(44.08)	(37.29)	(26.63)
TobinQ	−0.011 * * *	−0.006	−0.015 * * *
	(−4.45)	(−1.31)	(−4.93)
Ir	−0.086 *	−0.074	−0.160 *
	(−1.84)	(−1.46)	(−1.73)
Constant	0.063 * *	0.060	0.067
	(1.97)	(1.25)	(1.61)
Chi2	*Chi2*	1.19	
Observations	7 393	2 813	4 580
Industry	控制	控制	控制
Year	控制	控制	控制

在表 4.19 第(1)列列示了全样本下的融资约束与现金股利平稳性的回归结果,融资约束保持了与前文研究相同的相关属性,与本章提出的假设 4.2 相反,进一步证明结论稳健。第(2)列和第(3)列的数据表明子样本保持了相同的显著正相关关系,国有企业该系数绝对

值更大,经 Chi2 检验后证明这一差异不具有显著性,与表 4.9 结论一致。上述结果表明,在将最小二乘法模型替换为 Tobit 模型后,融资约束与现金股利平稳性之间的相关关系不变。

4.4　本章小结

4.4.1　研究结论

本章以 2016—2020 年 A 股上市公司作为研究对象,以优序融资理论为出发点,以不完全合约理论为基础,以现金持有动机理论为指导,在第 3 章研究的基础之上去除高管任职经历变量,扩大样本量、调整控制变量,进一步分析了融资约束与现金股利支付水平和现金股利平稳性之间的关联,同时将全样本分为国有企业和民营企业两个子样本进行研究,以探究融资约束在不同产权性质的企业中发挥的作用是否存在差异,得到以下结论:

(1)融资约束对相对数现金股利支付和绝对数现金股利支付都具有显著的抑制作用。本章在第 3 章的基础上进行了扩展,不只考虑相对数的现金股利支付水平,还引入了绝对数现金股利,研究结果与第 3 章的结论保持一致,融资约束的确会抑制现金股利支付水平,采用多种方法多个角度进行稳健性检验之后,结果不变。

(2)与国有企业相比,融资约束对相对数现金股利支付和绝对数现金股利支付的抑制作用在民营企业中都更为显著。经过分组回归发现,在国有企业和民营企业中融资约束均对现金股利支付水平具有抑制作用,进一步对回归系数进行差异检验发现,民营企业的相对数现金股利和绝对数现金股利都受到了融资约束更为显著的影响。

(3)融资约束程度越大会造成现金股利的波动性越强。本章关于这一问题的研究沿用第 3 章的融资约束与现金股利平稳性的计算方法,将融资约束视为解释变量,同时扩大了样本量并调整了控制变量,回归结果显示融资约束程度较大的样本公司现金股利发放更具波动性,并且通过了多维度的稳健性检验。这一结论与第 3 章的结果截然相反,因此,融资约束对现金股利平稳性的影响并不是确定的,会因样本情况和控制变量的情况而有所改变。

(4)融资约束形成的现金股利波动性特征在不同产权的企业之中并没有显著差别。分组回归之后,在国有企业和民营企业两组子样本中,都呈现了与全样本相同的相关性特征,两组相关系数不同,但是通过对回归系数进行差异检验,发现两者之间的系数差异不显著,即融资约束对现金股利平稳性的抑制作用在国有企业和民营企业中没有显著差异。

4.4.2　政策建议

为进一步解决上市公司现金股利支付水平与现金股利平稳性问题,特别是解决融资约束对民营企业的制约作用更强的问题,本章提出以下建议:

(1)加大对民营企业的融资扶持力度。民营企业在我国经济中发挥的作用日趋重要,而金融市场的资金更加青睐于国有企业,民营企业面临的融资约束相较于国有企业更为严重,这压抑了民营企业的创新能力。西方发达国家的经济实践证明,民营企业具有极强的活力,它们往往是带动科技发展的重要力量。因此,虽然现有政策在多个领域已经体现出了一定的效果,但是政府仍需继续关注民营企业的融资约束问题。一方面应该为民营企业拓宽融资渠道、降低融资成本,保证一些发展前景好的民营企业可以顺利融资、持续经营;

另一方面要加强融资后的监督与管理,引导融资后的民营企业按照计划用途规范使用资金,提高资金的产出效益,避免出现挪用扶持资金而造成巨额损失的情况,尽最大可能提高扶持政策的效益。

(2)完善相关政策,关注现金股利平稳性要素。由于本章关于融资约束与现金股利平稳性的结论与第3章的结果截然相反,因此,融资约束对现金股利平稳性的影响方向并不能完全确定。这也就决定了仅解决融资问题,并不能够彻底解决现金股利平稳程度的问题,还需要配合其他的手段。政策的制定方面依然要考虑避免突击分红的问题出现,而应该在较长的时期内、更广的范围内引导上市公司保持较为稳定的现金股利政策。

(3)上市公司应将现金股利政策上升至战略层面,从长期的角度规划现金股利。中美贸易摩擦和新冠疫情的出现,导致企业面临的市场环境骤然变化,给企业的经营带来了巨大的外部风险,而这样的外部风险在短期内难以消除,因此企业必须考虑适应新的环境,调整战略与规划,避免过度投资,将新环境下的融资能力与投资项目进行协调,降低风险。在资金安排上,也应具有长远战略眼光,平衡投资和分红,以能够在较长的期限内,保持现金股利支付的稳定性。这样可以提前满足未来政策变革的要求,在融资中占据有利地位,同时,也能够提升股东对企业的认可度。

(4)上市公司应积极寻求多方合作,"抱团取暖",利用创新方式拓宽融资渠道。当前政府对企业融资的支持政策依然在不断推进,企业应认真研究政策,与价值链上的企业深度合作,提升整体实力,利用产融结合等扶持政策,扩宽融资渠道,缓解融资压力,降低融资成本。一方面可以增强合作各方的抗风险能力,另一方面也可以提高现金股利支付水平和现金股利的平稳性。

第 5 章　财务绩效与现金股利政策

5.1　理论分析与研究假设

本书第 3 章和第 4 章研究的过程中为了具体分析高管任职经历和融资约束对现金股利政策的影响,加入了很多有关企业财务绩效的控制变量。回归的结果显示,这些控制变量大多与现金股利支付水平和现金股利平稳性显著相关,但是相关的方向会随着要研究的问题不同、变量不同而出现反转。为了明确这些财务绩效变量对现金股利支付水平和现金股利平稳性形成的确切影响,本章将财务绩效变量视为解释变量进行分析。

企业内部与现金股利政策制定最相关的要素应该是该企业的财务绩效。广义的财务绩效指的是企业制定战略及其后续实施和执行对于公司财务数据方面的影响,辐射范围较广,很难准确把握。狭义的财务绩效却可以用准确的数据进行计量,以反映一个企业的生产经营状况。常见的模式是从盈利能力、发展能力、偿债能力和营运能力四个维度来进行分析,本章也按这四个维度分析其对现金股利造成的影响。

5.1.1　盈利能力与现金股利政策

1. 盈利能力与现金股利支付水平

企业的盈利能力是评判一个企业经营效果优劣的常见指标,它是现金股利分配制度制定的重要参考因素之一。企业是以盈利为目的的组织,根据"在手之鸟"理论,当企业获取利润时,股东不仅希望收获股票资产的增值,还希望定期收获一些现实利益,即现金股利。管理者为满足股东的需求,有时也需要通过发放高额现金股利的信号传递给社会以本公司经营业绩良好的信息。对于二者之间关系的研究有很多,大多数形成了盈利能力能够促进现金股利水平提高的结论。

早在 1956 年,就出现了股利分析模型,相关研究发现公司的股利政策制定受到本期利润与上一期股利分配的同时影响。后来又有学者从锁定最佳资本结构而采用剩余股利政策的角度建立了股利模型,认为股利发放与公司本期利润和预期投资呈紧密的函数关系。市场整体表现不佳时、经营艰难时,企业为改善财务稳定性会减少现金股利的发放。

落实到具体指标上,有学者认为作用最为明显的是当期利润额。每股收益会对现金股利形成影响,但并不是决定性因素。金融危机期间,盈利能力虽然仍与现金股利体现正相关关系,但是其效用却大大降低了。也有学者认为,现金股利发放虽然与公司的盈利能力相关,但更多地取决于企业的投资计划,优质的投资机会会大量耗费企业的现金而挤压现金股利。

也有少数学者认为企业盈利能力强时会因为种种原因而降低现金股利的支付水平。中国资本市场目前受多种因素的影响,波动相对剧烈。在这种情势下,企业的现金股利政策可能会进行一定的调整以适应大环境变动带来的压力。管理者出于公司未来稳定发展的需要,可能在盈利能力强时也不选择支付高额的现金股利,而是留存更多的利润。也可能是由于存在委托代理问题,股东利益与管理者利益不完全相同,管理者希望在公司经营过程中谋求更高的业绩,满足自身的财富需求和自我实现的需求。因此也存在当公司盈利能力强时,管理者希望将盈余资金投入下一阶段的生产扩张计划而留存大量的资金,不选择进行高额现金股利分配的政策。在本书第3章和第4章的多次回归当中,衡量盈利能力的指标有时体现显著的正相关关系,有时也体现显著的负相关关系。

基于以上分析,提出本章的假设5.1a和5.1b。

假设5.1a 盈利能力与现金股利支付水平呈正向相关。

假设5.1b 盈利能力与现金股利支付水平呈负向相关。

产权性质是本书一贯的分组要素,因此本章还将研究产权性质在企业盈利能力与现金股利支付水平关系中的作用。

由于国有企业和民营企业在融资能力上存在显著差异,在高度不确定的经济环境中,民营企业可能为了保存更多的自由现金流(Fcf)而在盈利能力强时减少现金股利支付的比例。根据本书第3章和第4章的研究可以发现,民营企业融资约束程度更高,而融资约束对于现金股利的抑制作用也在民营企业中表现得更为强烈。民营企业集团中的上市公司现金持有比例低于国有企业集团中的上市公司。国际金融危机后,民营企业对现金流动性的反应强于国有企业,现金持有的积极性也提升了。因此从融资约束和现金流存续角度分析,在近几年动荡的资本市场环境下,制定国有企业的现金股利分配制度可能与盈利能力的相关关系更加紧密。

但另一方面,国有企业牵动国有资本的安全,很多时候其政策的制定及变动受到的限制更多,现金股利支付的政策制定可能更加稳健。国有企业即使盈利能力强时也会因"预算软约束"而影响自身的政策自主权,现金股利发放额度依然较低。而民营企业在政策制定方面不会有过多的约束条件,所以决策时更多地会关注对于自身未来发展的影响。同时,为了维护和拉拢股东,以及向外界传达本公司经营态势良好的信息,现金股利的支付金额更可能随着盈利能力的波动而改变。因此,民营企业盈利能力和现金股利支付水平之间的相关程度有可能更加显著。

基于以上分析,提出假设5.2a和5.2b。

假设5.2a 国有企业的盈利能力与现金股利支付水平的相关程度更强。

假设5.2b 民营企业的盈利能力与现金股利支付水平的相关程度更强。

2. 盈利能力与现金股利平稳性

根据信号传递理论,当上市公司盈利态势良好时,高额的现金股利会直接将这一信号传递给投资人,获得投资人的认可。但当公司当期的经营状态不好时,因内部资金的限制,公司无法发放如往期一样规模的现金股利,从而导致现金股利偏离了平稳性的要求。企业的盈利能力变化更多的是由于外部因素造成,因此这种相关关系在经济形势不断变化的今天会更加明显。

但另一方面,虽然现金股利支付水平较高时可以带来更多的资本流入,抬高股价,但是也会面临经营不稳定时股利无法支付造成的不良影响。在大环境不稳定性时,管理者可能害怕由于股利变动而造成的这种未知风险,因此减少对外披露的信息量,希望外界投资者无法时刻洞察公司的内部情况而保持稳定的投资,有可能选择现金股利政策的制定不与盈利能力的变化紧密相关的办法,结合企业经营的自身情况,持续保持每年发放较为稳定的现金股利。而盈利能力强的企业有足够的资源可以维持稳定的现金股利。

基于以上分析,提出假设 5.3a 和 5.3b。

假设 5.3a　盈利能力强的公司现金股利平稳性相对较低。

假设 5.3b　盈利能力强的公司现金股利平稳性相对较高。

同样,企业的产权性质也极有可能对企业盈利能力和现金股利的平稳性之间的关系产生一定的影响,因此也需要进行分类研究。

代理理论认为高额、持续的现金股利发放可以规避管理者利用多余的现金流进行自利行为而增加代理成本的问题。因此为了更好地实现国有企业的功能,减少管理层的代理成本,股东可能要求管理者在企业盈利能力足够时执行平稳的现金股利分配政策。而这种监督机制在民营企业内会相对减弱,因为在民营企业内两职合一(Duality)的情况更加普遍,管理者持股的比例与国有企业相比较高,对现金股利政策的支配能力也就更强。民营企业管理者可以结合企业盈利水平与企业当期对于资金的需要进行股利政策的制定,导致股利发放水平具有波动性。因此,相较于民营企业,国有企业的盈利能力与现金股利的平稳性很可能相关程度更高。

但另一方面,由于国有企业肩负了更多的社会责任,管理者会将更多的注意力集中在企业的正常平稳运作中,不会刻意地平滑现金股利以求稳定股价。同时,国有企业的抗风险能力较强,即使股价因为某期发放的现金股利减少而下降,对于国有企业而言也是可以承受的。而民营企业通常存在着较为严重的融资压力,对股东的依赖性更强,可能无法承受降低现金股利后形成的不良影响。所以在民营企业盈利能力较强时,更有经济实力发放稳定的现金股利,公司可能选择支付平滑的现金股利向外界传达企业经营一直良好的信息,以求稳定公司的股价。这也促使民营企业的现金股利支付的平稳性上升。但国有企业的股利政策会随着盈利水平的变化而产生波动,因此相较于国有企业,民营企业的盈利能力与现金股利的平稳性很可能相关程度更高。

基于以上分析,提出假设 5.4a 和 5.4b。

假设 5.4a　国有企业盈利能力与现金股利平稳性的相关程度更高。

假设 5.4b　民营企业盈利能力与现金股利平稳性的相关程度更高。

5.1.2　发展能力与现金股利政策

1.发展能力与现金股利支付水平

企业的盈利能力代表了当期业务的经营情况,而企业的发展能力则是长期业绩的典型代表。有学者认为当企业的发展能力越强时,企业越会留存资金以备进一步发展,因此会选择发放更少量的现金股利。也有学者认为公司的成长性越高,越倾向于采用高额现金股利政策。本书的第 3 章和第 4 章经过实证研究,在不同的环节代表企业发展能力的指标也体现不同的结果。

基于信号理论,企业在快速发展的过程中,盈利水平会不断提高,支付高额现金股利一方面与公司盈利能力匹配,另一方面也能够通过良好信号传递维护股东关系。因此,发展能力应对现金股利支付水平具有正向作用。但也可能与第 3 章和第 4 章得出的结论一样,发展能力强的公司更容易在股票市场受到股东的青睐,因此企业不必付出高额的现金股利维护关系。同时,公司为保证进一步发展,就会将现有的流动资金储备起来,投资于更有前景的项目。然而发展能力差的公司因为缺乏投资机会,为了避免占用资金造成浪费,会选择将资金以现金分红的方式还给股东。这就有可能呈现公司的发展能力与现金股利支付水平负相关的情况。

基于以上分析,提出假设5.5a及5.5b。

假设5.5a 公司的发展能力与现金股利支付水平呈正相关。

假设5.5b 公司的发展能力与现金股利支付水平呈负相关。

与盈利能力的分析相仿,结合信号传递理论,产权性质可能对这一关系产生影响。民营企业面临的融资压力大于国有企业,因此不得不留存一部分资金用于持续发展。这会降低其发放现金股利的能力,使其即使在发展能力强时也无法支付较高的现金股利来传递信号。因此在国有企业中,发展能力越强时会倾向于支付更高额的现金股利,即这种相关性在国有企业中更强。

但另一方面,国有企业还承担着许多的社会功能,在经济环境不断波动的影响下,担负着更大的责任,因此可能产生更多的非经营性支出,这些支出会降低国有企业的资金富余度。同时国有企业还需维系自身的生存发展,因此在发展能力强时,可能无法支付如自负盈亏的民营企业一样多的现金股利。这就会出现发展能力与现金股利支付水平之间的相关性在民营企业中更强的现象。

基于以上分析,提出假设5.6a与5.6b。

假设5.6a 国有企业中发展能力与现金股利支付水平的相关程度更高。

假设5.6b 民营企业中发展能力与现金股利支付水平的相关程度更高。

2. 发展能力与现金股利平稳性

发展能力与现金股利平稳性之间的关系也会出现截然相反的结论。

当企业的发展能力强时,自身有能力支付等额的现金股利,因此为减少现金股利波动而产生的隐性信息披露,公司会采取现金股利平稳性较好的股利政策,以规避未来可能产生的某期经营不善带来的股价异动风险。这样就会出现公司的发展能力与现金股利平稳性呈正向相关的关系。

但也有可能因为公司的发展能力强,企业的盈利额每期都在正向变动,公司希望外界可以快速了解企业的经营情况良好的信息,通过每期大幅度增加现金股利来实现获取更多融资资源的目的。发展能力弱的公司因为其保持着平稳经营状态,因此不会经常性地改变企业现金股利分配政策,呈现各期现金股利波动不大的状态。因此,也存在着发展能力与现金股利平稳性负向相关的可能性。

基于以上分析,提出假设5.7a与5.7b。

假设5.7a 公司的发展能力与现金股利平稳性呈正向相关。

假设5.7b 公司的发展能力与现金股利平稳性呈负向相关。

受到经济环境影响,民营企业很有可能做出了预先的判断,选择更加稳健的股利政策,而不随着盈利的增长去调整现金股利的分配。如果出现这种情况,民营企业发展能力与现金股利支付的相关性就会减弱。国有企业在业绩考核压力之下,会将精力更多地投放在企业长久发展的筹划上,当发展较为快速时,有充分的能力维持原有现金股利支付水平。因此相较于民营企业,国有企业的发展能力与现金股利平稳性之间的相关性可能更强。

但另一方面,以往的研究经验表明民营企业为维系本企业的经营发展,更需要维护股东关系。发展能力强可以让民营企业固化其现金股利支付以提升股东的认可度;而发展能力较弱时,民营企业为了生存很可能改变原有的股利支付水平。而国有企业的融资情况优于民营企业,在遭遇困境时可以有更多种的方式来度过危机,其发展能力和现金股利平稳性之间的关联就有可能不够紧密。因此,民营企业的发展能力与现金股利平稳性之间的相关性可能更强。

基于以上分析,提出假设 5.8a 与 5.8b。

假设 5.8a 国有企业发展能力与现金股利平稳性相关程度更高。

假设 5.8b 民营企业发展能力与现金股利平稳性相关程度更高。

5.1.3 偿债能力与现金股利政策

1. 偿债能力与现金股利支付水平

偿债能力是公司重要的财务评价指标,上市公司在经营过程中为了更好地利用现有资金,通常会使用一定的杠杆使持有资金的作用最大化,而偿债能力就代表上市公司撬动外部资金的能力。

通常情况下,公司的偿债能力高意味着该公司具有较为充足的可用资金,有能力支付高比例的现金股利来满足股东的需求,而当企业偿债能力弱时,会将已有的可用资金优先留存于企业,导致现金股利支付水平降低。因此存在公司的偿债能力较强时,该公司的现金股利支付水平也会较高的关系。但这种关系也可能因为环境的影响而发生改变。当前的经济环境是充满风险的,近几年很多企业受中美贸易摩擦和新冠肺炎疫情的影响,盈利水平下降。而迫于股东和社会的多方压力,当偿债能力高时,企业依然会将大量的可用资金投入新的项目中,以期改变现在的经营局面,这种情况下,即使公司的偿债能力较强,这些资金也不会用于现金股利发放,存在着偿债能力与现金股利支付水平负相关的可能。

基于以上分析,提出假设 5.9a 与 5.9b。

假设 5.9a 公司的偿债能力与现金股利支付水平呈正向相关。

假设 5.9b 公司的偿债能力与现金股利支付水平呈负向相关。

当前经济环境波动性增强,潜在的小额短期资金融入无法满足上市公司应对风险的需要,因此国有企业和民营企业的股利支付政策都需要结合流动资金现状进一步稳健。民营企业即使偿债能力较强,也不会因为自身流动资金充足而贸然制定高额的现金股利分配政策,而是留存资金以应对未知风险。国有企业本身抗风险能力就具有优势,当财务指标体现出偿债能力较强时,内部资金往往充裕度较高,此时支付高额现金股利的概率明显增大。这种情况下,就会产生相较于民营企业来说,国有企业的偿债能力与现金股利支付水平的相关性更强的情况。

但由于国有企业存在多种天然优势,民营企业的即时融资能力显著弱于国有企业,这就使得民营企业对内源资金的依赖性高于国有企业。当民营企业偿债能力较强时,内源资金依赖性问题得以缓解的程度也较高,可以用富余的资金进行现金股利支付以回报股东,满足股东"在手之鸟"的需求。国有企业由于潜在的即时融资能力较强,可以利用这种能力抵御经营中的一些突发风险,因此可能不会因为偿债能力而提高或降低现金股利支付额。基于这样的分析,民营企业中偿债能力与现金股利支付水平之间的相关程度可能更高。

基于以上分析,提出假设 5.10a 和 5.10b。

假设 5.10a 国有企业偿债能力与现金股利支付水平相关程度更高。

假设 5.10b 民营企业偿债能力与现金股利支付水平相关程度更高。

2. 偿债能力与现金股利平稳性

从代理理论的角度出发,当上市公司的偿债能力较强时,公司内部的可用现金充足,管理层就有可能利用现有资金流满足私利而产生严重的代理问题,而当控股股东了解这一现状时,可能会提出高额、持续的现金股利要求以压缩管理层的操控空间。从这一角度出发,会出现偿债能力与现金股利平稳程度呈正向相关的现象。

但是也存在股东话语权不足或是未察觉公司财务现状的可能,股东没有影响公司的股利政策。这时当上市公司的偿债能力较强时,管理层会基于自身发展考虑,利用现有的可用资金优先投资一些盈利水平较高的项目,以扩大公司规模实现自身的价值,管理层因而可能会根据当期情况不断调整公司的股利政策,导致企业的现金股利支付平稳性下降。在这种情况下,则会出现偿债能力与现金股利平稳程度负向相关的现象。

基于以上分析,提出假设5.11a和5.11b。

假设5.11a 公司的偿债能力与现金股利平稳性呈正向相关。

假设5.11b 公司的偿债能力与现金股利平稳性呈负向相关。

在外部环境不确定性较高的状态下,偿债能力较弱时,国有企业的管理者可能以此为由拒绝股东提出的持续保持稳定现金股利的要求,而会参考公司的偿债能力保留现金。而国有企业偿债能力较强时,公司会满足股东的要求制定平稳的现金股利政策。民营企业会因经济形势不确定而将可用的资金留存,保证公司的正常运作,现金股利的支付政策要考虑多方面数据后再进行制定,偿债能力对现金股利支付平稳性的影响效果就会减弱。因此相较于民营企业,国有企业偿债能力与现金股利平稳性间的相关性会更强。

但国有企业资金自由度相对较高,因此股东在了解这一现状后会倾向于促使管理层制定稳定的现金股利分配政策,从而保障自身的利益。因而现金股利的平稳程度是股东与管理层之间的博弈,偿债能力并不是政策制定的决定性因素。但在民营企业中,由于公司存在一定的融资约束,潜在的资金流入水平远小于国有企业,因此公司的现金股利政策制定要受到偿债能力的影响。当民营企业偿债能力较强时,股东可能会促使公司发放稳定的现金股利,管理层也会考虑满足股东的要求,使得现金股利平稳性变强。但当企业偿债能力较弱时,管理层会优先保证企业的正常运营而拒绝这一要求,因此会使得现金股利平稳性变差。因此相较于国有企业,有可能在民营企业中偿债能力与现金股利平稳性的相关性更强。

基于以上分析,提出假设5.12a和5.12b。

假设5.12a 国有企业偿债能力与现金股利平稳性相关程度更高。

假设5.12b 民营企业偿债能力与现金股利平稳性相关程度更高。

5.1.4 营运能力与现金股利政策

1. 营运能力与现金股利支付水平

通常情况下,当企业营运能力较强时,说明企业内部的经营状态良好,公司可以高效率地发挥自身有限资源的优势,获取更好的效益,进而有能力发放高额度的现金股利。这不仅能够传递公司经营良好的信号,还可以维护与股东之间的良性关系,解决融资约束问题。但在经济不确定的环境下,企业内部循环良好的企业也不一定会带来较好的财务业绩,而且财务业绩与现金股利支付水平的关系也存在不确定性。在多种不确定性的因素下,公司的营运能力与该公司的现金股利政策制定可能没有一个统一的规律。

基于以上分析,提出假设5.13a和5.13b。

假设 5.13a　公司的营运能力与现金股利支付水平呈正向相关。

假设 5.13b　公司的营运能力与现金股利支付水平呈负向相关。

营运能力对于现金股利支付水平产生的效果也可能受到产权性质的影响。国有企业资源禀赋较强,很可能对于资产的利用效率更高,而高效的营运能力可以促进盈利水平的大幅度提升。基于国有企业融资约束等各种风险压力相对较小的情况,营运能够力会最大限度地促进现金股利支付水平。

但国有企业承担的社会责任和考核压力更重,其各项政策必须基于企业长期发展规划,很可能不会因为短期营运能力的提升而大幅度提高现金股利支付。民营企业的社会责任负担相对较小,为缓解融资约束问题更需要与股东之间保持良好关系,在营运能力较强时,也可能会支付高额现金股利让股东增强对企业的信心,从而为下一步的融资计划奠定基础。

基于以上分析,提出假设 5.14a 和 5.14b。

假设 5.14a　国有企业营运能力与现金股利支付水平相关程度更高。

假设 5.14b　民营企业营运能力与现金股利支付水平相关程度更高。

2. 营运能力与现金股利平稳性

与上一假设逻辑相似,当营运能强较好时,公司内部的资金周转、盈利水平也会随之提高,因此公司会更有能力支付平稳的现金股利。公司营运能力强的时候现金股利平稳性提高也就符合逻辑了。但也可能受到经济环境的影响,削弱这种由营运能力带来的优势,这时更需要结合其他财务指标来判断企业的现金股利政策,营运能力也有可能呈负向作用。

基于以上分析,提出假设 5.15a 和 5.15b。

假设 5.15a　公司的营运能力与现金股利平稳性呈正向相关。

假设 5.15b　公司的营运能力与现金股利平稳性呈负向相关。

如前文所述,国有企业各项政策的制定更具有战略性特征,现金股利很可能进行了长期的规划。在营运能力强时,国有企业更有能力将稳定的现金股利支付政策贯彻执行。因此,会呈现营运能力与现金股利平稳性相关程度更高的状态。

但民营企业受环境不确定性的影响更大,也希望通过平稳的现金股利政策传递公司良性运转的信号。在营运能力较强时,民营企业并不会轻易将增加的现金流入作为增量的现金股利发放给股东,而是作为风险储备应对未来更大的挑战,并对原有现金股利支付水平的维持程度更高。这样,会呈现出民营企业营运能力与现金股利平稳性相关程度更高的状态。

基于以上分析,提出假设 5.16a 和 5.16b。

假设 5.16a　国有企业营运能力与现金股利平稳性相关程度更高。

假设 5.16b　民营企业营运能力与现金股利平稳性相关程度更高。

5.2　研　究　设　计

5.2.1　样本选择与数据来源

与第3章和第4章一致,本章以2016—2020年为时间界限,以A股上市公司为对象。为了能够保证样本公司现金股利平稳性的充足数据,2014年和2015年的相关数据也纳入了计算。同时,为保证实验数据的代表性、严谨性,尽可能降低干扰因素造成的负面影响,本章按照以下方式对样本进行了剔除:

(1)剔除金融类上市公司。

(2)剔除样本期间被ST、ST * 或PT的公司。

(3)剔除期间内样本公司总资产增长率过高(标准为大于1)的公司。

(4)剔除期间内样本公司资产负债率过低(标准为小于等于0)的公司。

(5)剔除其他财务数据不足的公司。

相关数据均来源于国泰安(CSMAR)数据库,经过以上剔除后,研究现金股利支付水平的样本为10 584个,而研究现金股利平稳性的样本为8 864个。数据处理使用Stata 16.0软件。此外,为剔除极端值的影响,本章对所有连续变量均进行了1%的缩尾处理。

5.2.2　变量定义

5.2.2.1　被解释变量

(1)现金股利支付水平

具体计算沿用第3章和第4章的方法。

(2)现金股利平稳性

具体计算沿用第3章和第4章的方法。

5.2.2.2　解释变量

1.总资产净利率

总资产净利率的计算方法与前文相同,但是在本章作为解释变量,而非控制变量。衡量企业盈利能力的常用指标有总资产净利率和净资产收益率两种。净资产收益率表示股东原有资产的投资效率,展现的是公司利用自有资金进行盈利的能力。通常当一个公司利用财务杠杆能力强时,净资产收益率就会很高,不能充分展现公司经营所带来的增值能力。相比较而言,针对本章要研究的问题,总资产净利率作为解释变量更为合适。

2.营业利润增长率

本章采用营业利润增长率作为衡量发展能力的解释变量,而没有沿用第3章和第4章中的总资产增长率。这是因为总资产增长率的影响参数较多,企业日常运营活动能够实现总资产的增长,但是诸如并购之类的非日常活动也能够在短期内实现总资产额的快速攀升,不能充分展现日常经营的企业绩效。而营业利润排除了营业外等一次性的意外事件影响,主要体现企业日常经营活动给企业带来的贡献,其增长比例更适合于本章要研究的发展能力。

3. 流动比率

本章采用流动比率作为偿债能力的代理变量,而不是资产负债率。首先,相较于国外的上市公司,我国上市公司的股利分配政策经常性地发生变化。因此,影响股利政策制定的因素更可能是短期因素。流动比率可以更好地缓解当期出现的财务问题,其即时影响程度更高。其次,相较于速动比率严格要求企业剔除存货等需要变现的流动资产而言,包含所有流动资产的流动比率更能准确地代表企业的短期偿债水平。最后,前文一直将资产负债率作为控制变量,回归结果中已经多角度体现了资产负债率的相关性质,长期偿债能力对于现金股利的作用效果已经较为清晰,而短期偿债能力带来的影响却尚未讨论。因此,本章选择流动比率作为解释变量衡量样本公司的偿债能力。

4. 存货周转率

衡量营运能力最为常用的指标包括应收账款周转率和存货周转率。应收账款周转率衡量的是企业回款效率,与账期相对。因此,应收账款周转率会受到行业惯例、支付方式、上下游关系等多种因素的影响。存货周转率主要衡量企业内部产品流转效率的高低,对于企业的营运状态具有较好的代表性。为此,本章选择存货周转率作为解释变量衡量营运能力。

5.2.2.3　控制变量

因为本章的研究假设较多,解释变量包括四个方面,因此,控制变量的选择相对于第 3 章和第 4 章也会更多一些。

(1)公司基本特征变量

①公司规模

②股权规模

股本规模也可能对公司现金股利的发放形成一定的影响,在本章作为控制变量。

③公司自由现金流

公司的自由现金流指的是公司内部除去必要投资以后可进行自由支配的资金流,企业派发现金股利时必然要考虑本公司的非计划内的资金量,因此公司的自由现金流与现金股利政策可能存在相关性。

④流通股比例

(2)公司治理变量

①两职合一

当董事长和总经理为一人时,会失去董事长与总经理之间相互制约的作用,很有可能会影响企业的现金股利政策制定,本章对此进行控制。

②总经理持股比例

③前十大流通股股东持股比例

(3)公司财务变量

①托宾 Q

②现金持有水平

③总资产增长率

④可持续增长率

可持续增长率是不增发股票而保持现有资本特征所能达到的最大增长率,对于企业平稳发展能力具有一定的代表作用。因为不同发展阶段的企业均有不同的可持续增长率作为衡量标准,因此将可持续增长率作为判断企业发展阶段的补充变量。这一变量有可能对企业现金股利政策形成影响。

⑤留存收益资产比

上市公司通常会将当年的盈利额其中的一部分作为留存收益保留下来,以备日后经营扩张时使用。本章将留存收益与总资产做比值,以消除企业规模不同带来的影响,控制留存收益对现金股利政策产生的作用。

⑥资产负债率

⑦行业

⑧年度

具体的变量定义见表5.1。

表5.1 变量定义表

变量类别	变量名称	变量符号	变量定义
被解释变量	现金股利支付率	Dr	$\dfrac{当年每股税前现金股利}{当年每股收益}$
	现金股利平稳性	Var	近三年每股税前现金股利的方差
解释变量	总资产净利率	ROA	$\dfrac{当年净利润}{当年总资产平均余额}$
	营业利润增长率	Growth	$\dfrac{营业利润本年金额-营业利润上年金额}{营业利润上年金额}$
	流动比率	Cr	$\dfrac{流动资产}{流动负债}$
	存货周转率	Itr	$\dfrac{营业成本}{存货期末余额}$
控制变量	公司规模	Size	总资产的自然对数
	股权规模	Deal-size	上市公司发行总股数的自然对数
	公司自由现金流	Fcf	(息前税后利润+折旧与摊销-营运资本增加-资本支出)的自然对数
	流通股比例	Liquid	$\dfrac{流通股股数}{总股数}$
	两职合一	Duality	董事长与总经理职务合一=1; 董事长与总经理职务分开=0

表 5.1(续)

变量类别	变量名称	变量符号	变量定义
控制变量	总经理持股比例	Hdirrt	$\dfrac{总经理持股数}{总股数}$
	前十大流通股股东持股比例	Top10	公司前十大流通股股东持股比例之和
	托宾 Q	TobinQ	$\dfrac{公司市值}{资产总额}$
	现金持有水平	Cash	$\dfrac{现金及现金等价物的期末余额}{总资产}$
	总资产增长率	Tagr	$\dfrac{当年期末总资产-当年期初总资产}{当年期初总资产}$
	可持续增长率	Sgr	$\dfrac{净资产收益率\times收益留存率}{1-净资产收益率\times收益留存率}$
	留存收益资产比	Re/Ta	$\dfrac{盈余公积期末值+未分配利润期末值}{总资产期末值}$
	资产负债率	Lev	$\dfrac{当年期末负债总额}{当年期末资产总额}$
	行业虚拟变量	Industry	第 j 行业=1；其他行业=0
	年度虚拟变量	Year	第 i 年度=1；其他年度=0

5.2.3　模型构建

本章主要研究财务绩效的四个维度与现金股利支付水平及现金股利平稳性的相关关系与相关程度。为此,本章构建如下模型:

$$Dr/Var = \alpha_0 + \alpha_1 ROA + \alpha_2 Growth + \alpha_3 Cr + \alpha_4 Itr +$$
$$\sum \alpha_5 Controls + \sum Industry + \sum Year + \varepsilon \quad (5.1)$$

对于国有企业和民营企业相关程度假设的证明选择按产权性质分组回归的方法进行。

5.3 实证结果分析

5.3.1 描述性统计分析

1. 现金股利支付水平样本的描述性统计

现金股利支付水平样本的描述性统计见表 5.2。

表 5.2 现金股利支付水平的描述性统计

变量名称	样本量	平均值	标准差	最小值	25%分位数	50%分位数	75%分位数	最大值	极差值
Dr	10 584	0.366	0.33	-0.026	0.178	0.296	0.432	2.211	2.237
ROA	10 584	0.06	0.043	-0.001	0.027	0.05	0.082	0.217	0.218
Growth	10 584	0.378	1.291	-1.422	-0.09	0.122	0.423	9.101	10.523
Cr	10 584	2.496	2.063	0.388	1.274	1.824	2.911	12.192	11.804
Itr	10 584	14.663	54.228	0.17	2.021	3.703	6.995	449.421	449.251
Size	10 584	22.237	1.37	19.876	21.225	22.072	23.04	26.386	6.51
Deal Size	10 584	20.185	1.124	18.064	19.38	20.131	20.867	23.443	5.379
Fcf	10 584	4.572	18.689	-22.871	-18.907	17.595	19.469	23.054	45.925
Liquid	10 584	73.766	27.573	10.13	52.425	82.77	99.911	100	89.87
Duality	10 584	0.303	0.46	0.000	0.000	0.000	1.000	1.000	1.000
Hdirrt	10 584	6.582	12.581	0.000	0.000	0.050	6.115	54.04	54.04
Top10	10 584	61.395	14.099	28.47	51.39	62.765	71.95	90.95	62.48
TobinQ	10 584	1.868	1.034	0.832	1.207	1.549	2.14	6.748	5.916
Cash	10 584	0.162	0.114	0.016	0.79	0.131	0.214	0.555	0.539
Tagr	10 584	0.173	0.214	-0.151	0.035	0.109	0.242	0.905	1.056
Sgr	10 584	0.067	0.055	-0.045	0.03	0.057	0.092	0.279	0.324
Re/Ta	10 584	0.236	0.12	0.032	0.145	0.222	0.312	0.589	0.557
Lev	10 584	0.396	0.187	0.065	0.245	0.387	0.533	0.837	0.772

表 5.2 中现金股利支付水平与第 3 章和第 4 章的平均水平基本一致,说明前文样本具有代表性,分析具有说服力。

解释变量方面,总资产净利率的平均值为 0.06,样本公司中亏损企业极少,这种情况与前文水平相当。营业利润增长率平均值为 0.378,显示发展速度非常快,但观察分位数却可以发现,50%分位数仅为 0.122,远小于平均值。其最大值为 9.101,说明少数企业营业利润增长率超高,平均值明显被拉高了。因此这一指标的平均值并不能代表企业的平均发展水平,真实发展能力应根据个别企业的具体数据进行确定。而流动比率也一定程度上存在这样的问题,50%分位数为 1.824,代表大多数样本公司短期偿债能力在较为优秀的范围之内。标准差为 2.063,也说明流动比率的样本间离散程度较大。存货周转率这一现象更为突出,50%分位数远小于平均值,而最大值为 449.421,这说明极端值影响比较明显,仅有少部分企业的存货周转率较高。但仅就 50%分位数来讲,多数样本公司内部流转较为顺畅。解释变量的统计数据显示,绝大多数样本公司都符合正常经营的要求,分析的结果具有有效性。

控制变量中,公司规模的平均值为 22.237,且离散程度不高,说明样本公司都具有一定的规模,有能力维持相对平稳的运行并支付现金股利。公司的股权规模与公司规模数据的情况大致相同,总体平均水平较高,且离散程度不大。从自由现金流的平均值与标准差对比可以看出,其离散程度非常高,说明样本公司之间可自由支配的现金水平差距较大。同时观察到企业自由现金流的 25%分位数为−18.907,50%分位数为 17.595,说明样本上市公司中有 1/4 以上、半数以下的公司自由现金流处于负值状态,可能影响其现金股利政策的制定。流通股比例的平均值为 73.766,说明大部分公司的股票均可在市面上流通,从标准差为 27.573 也可以看出流通股比例的离散程度很高。流通股比例的 25%分位数为 52.425,而 50%分位数达到 82.77,说明半数以上的上市公司,80%的股票都是流通股,在二级市场可以自由交易,但也存在 1/4 的企业的近半数股票掌握在内部股东手里。两职合一的平均值为 0.303,说明样本公司中约 30%的企业存在两职合一的现象,这部分样本的决策特征不容忽视。总经理持股比例的数据显示至少 1/4 的样本公司,总经理不持有任何股份,这一指标的最大值为 54.04,说明有极少数公司的总经理持股比例非常高。前十大流通股股东持股比例的均值可以达到 61.395,说明样本公司流通股股权集中度很高,在现金股利政策制定时,少数股东的话语权很强。不过这一指标的极差值也很大,说明上市公司的股东持股情况也存在很大差异,通过四分位数可以了解到,前十大流通股股东持股比例大致符合正态分布。托宾 Q 与前文样本的结果基本一致,说明本章样本公司的市场溢价水平同样差别不大。现金比率虽然极差值很大,但标准差只有 0.114,这说明总体数据的离散程度不高,对比 75%分位数和最大值可知,仅有较少部分的公司留存大量的现金及现金等价物。结合总资产增长率和可持续增长率的数据,可以看出大多数样本公司实际增长速度都超过了可持续增长率,这表明样本公司都希望借助外部资本实现快速增长。留存收益资产比平均水平为 0.236,离散程度也不高,总体保持正态分布的规律。资产负债率的数据特征也与前文一致,可以看出公司之间利用财务杠杆的水平差异很大,财务杠杆高的公司可以撬动权益值 4 倍的负债,而财务杠杆低的公司几乎没有任何外部债务资源进行企业运营。

2. 现金股利支付水平的分组描述性统计

结合上市公司的产权性质进行分组分析,在缩尾的作用下,两组数据的描述性统计的极端值均相同,因此本章仅列示两组数据的平均值和标准差。现金股利支付水平样本的具体数据见表 5.3。

表 5.3 现金股利支付水平样本分组描述性统计

变量名称	国有企业(3631)		民营企业(6953)	
	平均值	标准差	平均值	标准差
Dr	0.344	0.289	0.378	0.348
ROA	0.046	0.038	0.067	0.045
Growth	0.389	1.353	0.373	1.257
Cr	1.888	1.543	2.814	2.223
Itr	19.61	61.094	12.08	50.082
Size	23.103	1.393	21.785	1.117
DealSize	20.786	1.09	19.871	1.009
Fcf	5.737	18.997	3.963	18.499
Liquid	88.009	21.47	66.329	27.485
Hdirrt	0.184	1.285	9.923	14.407
Top10	61.219	15.037	61.488	13.584
Duality	0.096	0.294	0.411	0.492
TobinQ	1.621	0.97	1.996	1.043
Tagr	0.101	0.144	0.211	0.234
Sgr	0.063	0.052	0.069	0.057
Cash	0.157	0.112	0.164	0.115
Re/Ta	0.216	0.127	0.246	0.114
Lev	0.469	0.19	0.359	0.174

从表5.3中可以观察到,民营企业的现金股利支付水平略高于国有企业,但离散程度也更大一些。但总体来说,现金股利支付率在两种产权性质下的差别不大。

在解释变量中,民营企业总资产净利率高于国有企业较多,离散程度略大。这说明在本章的样本中,民营企业的盈利能力表现得更为突出。但是营业利润增长率体现的特征是民营企业的发展能力要弱于国有企业。从流动比率的结果来看,民营企业对于风险的担忧程度更高,均值达到2.814,也说明民营企业样本的短期偿债能力明显高于国有企业样本,但也可能存在资产闲置的问题。最后,可以发现在国有企业中存货周转率的平均值为19.61,而民营企业样本的均值为12.08,说明国有企业的营运能力普遍强于民营企业。

控制变量方面,从表5.3中可以观察到,国有企业的规模平均水平为23.103,高于民营企业的21.785,相对来讲实力更加雄厚,股权规模的数据同样说明了这一点。自由现金流的数据显示国有企业的资金更加充裕,国有企业的标准差为18.997,大于民营企业的18.499,说明国有企业之间自由现金流的差别相对较大,这可能与国有企业在竞争中更具有规模优势,风险承受能力也更强相关。流通股比例的数据说明国有企业股权流通性更强,而民营企业集中于内部的控制权较高,更容易出现非流通股股东控制现金股利政策的问题。总经理持股比例在民营企业样本中的均值为 9.923,而在国有企业样本中仅为 0.184,这说明总经理在民营企业中的决策权力更大。虽然有政策提倡国有企业中的管理者持有本公司一定比例的股份来激励管理层,降低代理成本,但可以发现执行效果并不理想。而总经理持股比例在民营企业样本中的标准差为 14.407,可以看出民营企业中总经理持股的差异也大于国有企业。前十大流通股股东持股比例在两类企业中并没有呈现明显的区别。两职合一问题在民营企业非常突出,有 41.1% 的民营企业董事长兼任总经理,这意味着民营企业现金股利决策受总经理的个人意志影响更大。托宾 Q 值民营企业更高,标准差也略大,说明盈利能力较强的民营企业市场认可度更高。总资产增长率指标,民营企业高于国有企业,说明民营企业总资产发展速度更快,这也可能与前文分析的民营企业规模相对较小有关。结合营业利润增长率的结果可以发现,民营企业的总资产增长幅度更大,但是营业利润增长幅度却较小,这说明民营企业的发展模式较为粗放,对新增资产的利用效果不如国有企业。可持续增长率和现金持有水平两个指标在两组子样本中没有明显差别。留存收益资产比,民营企业平均值为 0.246,高于国有企业的 0.216,且标准差小于国有企业,说明民营企业为了维持经营稳定,普遍留存较多的收益。资产负债率水平则国有企业较高,与前文的结论一致。

3. 现金股利平稳性样本的描述性统计

现金股利平稳性样本的描述性统计见表 5.4。

表 5.4　现金股利平稳性的描述性统计

变量名称	样本量	平均值	标准差	最小值	25%分位数	50%分位数	75%分位数	最大值	极差值
Var	8 864	0.013	0.041	0.000	0.000	0.001	0.006	0.303	0.303
ROA	8 864	0.056	0.042	-0.002	0.024	0.455	0.075	0.213	0.215
Growth	8 864	0.422	1.441	-1.558	-0.097	0.128	0.456	10.185	11.743
Cr	8 864	2.286	1.832	0.374	1.231	1.706	2.617	11.268	10.894
Itr	8 864	14.505	52.967	0.157	2.003	3.739	7.212	441.149	440.992
Size	8 864	22.451	1.32	20.214	21.491	22.266	23.221	26.465	6.251
DealSize	8 864	20.379	1.045	18.302	19.663	20.329	20.977	23.477	5.175
Fcf	8 864	6.041	18.342	-23.019	-18.246	18.013	19.702	23.171	46.19
Liquid	8 864	81.082	22.082	23.293	66.075	90.52	99.998	100.000	76.707
Duality	8 864	0.269	0.443	0.000	0.000	0.000	1.000	1.000	1.000
Hdirrt	8 864	5.276	11.272	0.000	0.000	0.02	3.058	51.6	51.6
Top10	8 864	59.602	13.993	27.92	49.62	60.35	69.8	90.88	62.96
TobinQ	8 864	1.872	1.087	0.821	1.172	1.53	2.155	6.967	6.146

表 5.4(续)

变量名称	样本量	平均值	标准差	最小值	25%分位数	50%分位数	75%分位数	最大值	极差值
Cash	8 864	0.152	0.105	0.015	0.077	0.125	0.199	0.528	0.513
Tagr	8 864	0.14	0.176	−0.153	0.028	0.097	0.203	0.802	0.955
Sgr	8 864	0.066	0.056	−0.049	0.028	0.055	0.091	0.271	0.32
Re/Ta	8 864	0.234	0.123	0.031	0.139	0.216	0.312	0.6	0.569
Lev	8 864	0.413	0.186	0.068	0.266	0.409	0.549	0.84	0.772

现金股利平稳性的结果与第3章和第4章的样本数据差异较大,这部分样本的现金股利呈现了波动性较高的状态。这一变量的25%分位数为0,说明有相当数量的样本公司各期现金股利没有任何差别,可以维持极度平滑的现金股利政策,这与很多研究所提倡的趋势吻合,但是其中也存在着多期现金股利为0的情况。该指标75%分位数为0.006,也说明大多数公司的现金股利分配政策趋于稳定状态,但最高值为0.303,说明仍存在部分公司的现金股利分配波动较为剧烈。其余变量呈现的特征与表5.2中的数据大致相同,这里不再赘述。

4.现金股利平稳性样本的分组描述性统计

现金股利平稳性样本的分组描述性统计列示于表5.5。

表 5.5 现金股利平稳性样本分组描述性统计

变量	国有企业(3397)		民营企业(5467)	
	平均值	标准差	平均值	标准差
Var	0.011	0.038	0.015	0.043
ROA	0.045	0.037	0.062	0.044
Growth	0.394	1.426	0.439	1.449
Cr	1.839	1.455	2.564	1.981
Itr	18.512	57.687	12.015	49.652
Size	23.156	1.373	22.013	1.075
DealSize	20.819	1.067	20.106	0.932
Fcf	6.088	18.904	6.013	17.986
Liquid	90.662	17.392	75.129	22.589
Hdirrt	0.172	1.283	8.447	13.37
Top10	60.595	14.836	58.985	13.408
Duality	0.096	0.295	0.376	0.484

表 5.5(续)

变量	国有企业(3397)		民营企业(5467)	
	平均值	标准差	平均值	标准差
$TobinQ$	1.62	0.989	2.029	1.116
$Tagr$	0.096	0.134	0.167	0.193
Sgr	0.062	0.051	0.068	0.059
$Cash$	0.154	0.108	0.151	0.103
$ReTa$	0.217	0.128	0.244	0.119
Lev	0.473	0.188	0.375	0.175

对比表 5.5 中两种产权下的现金股利平稳性可以发现,民营企业的现金股利支付平稳性略差。但总体来说,现金股利平稳性在两种产权性质下的差别不大。表 5.5 中其他变量体现的特征与表 5.3 类似,这里不再赘述。

5.3.2　单变量分析

1.盈利能力的单变量分析

为了初步检验盈利能力对现金股利支付率和现金股利平稳性的影响,本章将样本公司按照总资产净利率的 50% 分位数进行分组,将总资产净利率低的样本组记为低盈利能力组,总资产净利率高的样本组记为高盈利能力组,利用 Stata 16.0 进行单变量均值 T 检验。表 5.6 报告了单变量分析结果。可以看出,在低盈利能力组中,企业的现金股利支付率为 0.384,在高盈利能力组中企业的现金股利支付率为 0.349,后者显著低于前者,这表明盈利能力的差异会造成现金股利支付率的不同,结果初步支持本章提出的假设 5.1b。现金股利平稳性在低盈利能力组中的均值为 0.007,而在高盈利能力组中的均值为 0.019,后者显著高于前者,即盈利能力强时会导致现金股利平稳性变差,该检验结果支持本章提出的假设 5.3a。

表 5.6　盈利能力单变量分析

变量	低盈利能力			高盈利能力			T-test
	N	均值	标准差	N	均值	标准差	T 值
Dr	5 256	0.384	0.39	5 328	0.349	0.256	5.452 ***
Var	4 471	0.007	0.028	4 393	0.019	0.051	−13.992 ***

2.发展能力的单变量分析

为分析发展能力对现金股利政策的影响,将样本上市公司按照营业利润增长率的 50% 分位数进行分组,将营业利润增长率低的样本组记为低发展能力组,营业利润增长率高的样本组记为高发展能力组,进行单变量 T 检验。表 5.7 展示了单变量分析结果。从表中可以了解到,在低发展能力的样本组中现金股利支付率的均值显著高于高发展能力样本组中的均值,初步验证了本章提出的假设5.5b。从表中现金股利平稳性数据可以了解到,高发展能力组中企业的均值略高于低发展能力组,但是差异并不显著,说明发展能力与现金股利平稳性可能无关,该结果认为本章提出的假设5.7a和5.7b均不成立,二者是否有关还需要进一步分析。

表5.7 发展能力单变量分析

变量	低发展能力			高发展能力			$T-test$
	N	均值	标准差	N	均值	标准差	T 值
Dr	5 295	0.4	0.371	5 289	0.333	0.278	10.487 ***
Var	4 435	0.013	0.04	4 429	0.014	0.043	−1.037

3. 偿债能力的单变量分析

为了初步检验偿债能力对现金股利支付率和现金股利平稳性的影响,将样本上市公司按照流动比率的50%分位数进行分组,将流动比率低的样本组记为低偿债能力组,流动比率高的样本组记为高偿债能力组,进行单变量均值T检验。表5.8展示了单变量分析结果。高偿债能力组中现金股利支付率的平均值为0.397,显著高于低偿债能力组,单变量分析结果支持本章提出的假设5.9a。而现金股利平稳性在高偿债能力组的均值为0.015,在低偿债能力组中的均值为0.011,具有显著差异。这一结果初步支持了本章提出的假设5.11b。但是两者的差值较小,偿债能力与现金股利平稳性的具体关系还需要进一步分析。

表5.8 偿债能力单变量分析

变量	低偿债能力			高偿债能力			$T-test$
	N	均值	标准差	N	均值	标准差	T 值
Dr	5 293	0.336	0.315	5 291	0.397	0.341	−9.551 ***
Var	4 431	0.011	0.037	4 433	0.015	0.045	−4.326 ***

4. 运能力的单变量分析

为了初步检验营运能力对现金股利支付率和现金股利平稳性的影响,将样本上市公司按存货周转率的50%分位数进行分组,将存货周转率低的样本组记为低营运能力组,将存货周转率高的样本组记为高营运能力组,进行单变量均值T检验。表5.9报告了单变量分析结果。从表5.9中可以了解到,高、低营运能力两组样本现金股利支付率的组间均值差异不显著,不支持本章提出的假设5.13a和5.13b。但现金股利平稳性的组间均值显著,且高营运能力组均值高于低营运能力组均值,该结果初步支持了本章提出的假设5.15b。

表5.9　营运能力单变量分析

变量	低营运能力			高营运能力			*T-test*
	N	均值	标准差	N	均值	标准差	T 值
Dr	5 292	0.367	0.344	5 292	0.365	0.315	0.253
Var	4 432	0.012	0.04	4 432	0.014	0.043	−2.395 ***

5.3.3　相关性分析

1. 现金股利支付率样本的相关性分析

与前文保持一致,本章同样进行相关性分析。通过相关性分析,初步探索变量之间的联系,并排除严重多重共线性的存在可能。本章同样采用了 Stata 16.0 计算了 Pearson 相关系数,现金股利支付率样本的结果列示于表5.10。

根据表5.10的数据可以看出,代表盈利能力的总资产净利率与现金股利支付率呈显著负相关,与单变量分析中的结论一致,也与第3章和第4章实证分析结论一致。这初步表明盈利能力会对现金股利支付水平产生抑制作用,支持本章提出的假设5.1b。代表发展能力的营业利润增长率与现金股利支付率也呈现了显著的负相关关系,也与单变量分析结果相同,可以初步认为假设5.5b是正确的。代表偿债能力的流动比率与现金股利支付率之间在1%的水平上呈显著正相关,与单变量分析结论一致,初步支持本章提出的假设5.9a。最后,代表营运能力的存货周转率与现金股利支付率之间相关系数为−0.023,在5%的水平上显著,这与单变量分析的结论不同,初步支持本章提出的假设5.13b。

表 5.10　现金股利支付率样本相关性分析

	Dr	ROA	Growth	Cr	Itr	Size	Deal-Size	Fcf	Liquid	Duality	Hdirt	Top10	TobinQ	Cash	Tagr	Sgr	Re/Ta	Lev
Dr	1.000	—	—	—	—	—	—	—	—	—	—	—	—	—	—	—	—	—
ROA	-0.054***	1.000	—	—	—	—	—	—	—	—	—	—	—	—	—	—	—	—
Growth	-0.069***	0.111***	1.000	—	—	—	—	—	—	—	—	—	—	—	—	—	—	—
Cr	0.095***	0.309***	-0.063***	1.000	—	—	—	—	—	—	—	—	—	—	—	—	—	—
Itr	-0.023**	0.030***	-0.009	-0.033***	1.000	—	—	—	—	—	—	—	—	—	—	—	—	—
Size	-0.057***	-0.230***	0.044***	-0.427***	0.028***	1.000	—	—	—	—	—	—	—	—	—	—	—	—
Deal-Size	0.003	-0.177***	0.046***	-0.329***	0.031***	0.878***	1.000	—	—	—	—	—	—	—	—	—	—	—
Fcf	0.048***	0.051***	-0.046***	-0.054***	0.010	0.081***	0.091***	1.000	—	—	—	—	—	—	—	—	—	—
Liquid	0.011	-0.256***	0.005	-0.240***	-0.010	0.425***	0.431***	0.201***	1.000	—	—	—	—	—	—	—	—	—
Duality	0.018*	0.119***	-0.005	0.120***	-0.025**	-0.238***	-0.231***	-0.042***	-0.237***	1.000	—	—	—	—	—	—	—	—
Hdirt	0.020**	0.188***	-0.035***	0.208***	-0.035***	-0.342***	-0.340***	-0.051***	-0.394***	0.569***	1.000	—	—	—	—	—	—	—

表 5.10（续）

	Dr	ROA	Growth	Cr	Itr	Size	DealSize	Fcf	Liquid	Duality	Hdirt	Top10	TobinQ	Cash	Tagr	Sgr	Re/Ta	Lev
Top10	0.081 ***	0.212 ***	-0.032 ***	0.072 ***	0.064 ***	0.049 ***	-0.008	-0.027 ***	-0.412 ***	0.071 ***	0.152 ***	1.000	—	—	—	—	—	—
TobinQ	-0.002	0.404 ***	0.026 ***	0.271 ***	-0.014	-0.343 ***	-0.220 ***	0.036 ***	0.061 ***	0.093 ***	0.105 ***	-0.028 ***	1.000	—	—	—	—	—
Cash	0.059 ***	0.257 ***	-0.032 ***	0.383 ***	0.026 ***	-0.255 ***	-0.227 ***	-0.084 ***	-0.168 ***	0.065 ***	0.107 ***	0.108 ***	0.208 ***	1.000	—	—	—	—
Tagr	-0.089 ***	0.325 ***	0.082 ***	0.070 ***	-0.023 **	-0.257 ***	-0.249 ***	-0.381 ***	-0.411 ***	0.151 ***	0.205 ***	0.141 ***	0.081 ***	0.165 ***	1.000	—	—	—
Sgr	-0.436 ***	0.694 ***	0.196 ***	-0.049 ***	0.044 ***	0.087 ***	0.023 **	0.041 ***	-0.081 ***	0.036 ***	0.051 ***	0.098 ***	0.210 ***	0.049 ***	0.249 ***	1.000	—	—
Re/Ta	0.059 ***	0.582 ***	-0.074 ***	0.422 ***	0.032 ***	-0.258 ***	-0.202 ***	0.165 ***	-0.040 ***	0.051 ***	0.123 ***	0.108 ***	0.297 ***	0.229 ***	-0.065 ***	0.236 ***	1.000	—
Lev	-0.142 ***	-0.426 ***	0.063 ***	-0.693 ***	-0.004	0.593 ***	0.396 ***	-0.039 ***	0.251 ***	-0.133 ***	-0.216 ***	-0.042 ***	-0.347 ***	-0.315 ***	-0.015	0.090 ***	-0.617 ***	1.000

在控制变量方面除了股权规模、流通股比例、托宾 Q 三项外,其他控制变量均与现金股利支付水平显著相关。公司规模与现金股利支付率在 1% 的水平上呈显著负相关,说明公司规模的大小确实影响上市公司的现金股利支付政策制定。自由现金流与现金股利支付率在 1% 的水平上呈显著正相关,这符合直观印象,自由现金流是现金股利的源泉,能够对现金股利产生正向影响。同时,两职合一、总经理持股比例与现金股利支付率间均存在显著正相关的关系,说明当董事长兼任总经理时、总经理持股比例高时,股东利益与管理层利益挂钩,上市公司会偏好于制定支付高额现金股利政策。前十大流通股股东持股比例与现金股利支付率在 1% 的水平上呈显著正相关。现金持有水平与现金股利支付率之间的相关属性与自由现金流相同,这说明现金股利的支付在很大程度上也会参考本公司的现金比例,以保证下一期的正常经营,存量现金和流量现金都会对现金股利的发放产生正向作用。总资产增长率和可持续增长率与现金股利支付率之间的系数分别为 -0.089 和 -0.436,在 1% 的水平上呈显著正相关。这两个指标在一定程度上也代表了企业的发展能力,相关属性与营业利润增长率呈现了相同的特征。留存收益资产比与现金股利支付率呈显著正相关,可能是由于留存收益资产比高的企业其现金流会比较充沛,因此现金股利额度更高。资产负债率与现金股利支付率呈显著负相关,这与第 3 章和第 4 章实证结果部分的结论截然相反,具体关系还需要进一步探讨。此外,表 5.10 也排除了严重的多重共线性的可能。

(2)现金股利平稳性样本的相关性分析

现金股利平稳性样本的相关性分析见表 5.11。

解释变量方面,总资产净利率与现金股利平稳性呈显著正相关,与单变量分析结论保持一致,也与第 3 章和第 4 章实证结果一致,支持本章提出的假设 5.3a,这对两者之间的关系有较为充分的说明作用。营业利润增长率与现金股利平稳性间的相关系数为 0.039,显著性水平为 1%,因此初步判断假设 5.7b 是正确的。流动比率与现金股利平稳度之间的相关系数为 0.023,在 5% 的水平上显著,初步判断假设 5.11b 是正确的。存货周转率与现金股利平稳性之间的关系没有通过显著性检验,初步判断本章提出的假设 5.15a 和 5.15b 均不成立。

控制变量中,公司规模与现金股利平稳性呈显著正相关,这可能意味着公司规模越大,各年现金股利呈现的波动性更强。自由现金流与现金股利平稳性之间在 1% 的水平上呈正相关,代表现金流充足的企业现金股利波动性也较大。流通股比例与现金股利平稳性显著负相关,这可能说明流通股股东是股利政策的重要影响者,流通股比例较高的企业会更加重视稳定的现金股利支付。两职合一、总经理持股比例与现金股利平稳性之间的相关性均通过 1% 水平的显著性检验,且二者均与现金股利平稳性呈显著正相关的关系,也就是当管理者更偏向于股东利益的时候,上市公司更可能因为经营环境等各种因素变动,改变现金股利支付额度,现金股利波动性较强。前十大流通股股东持股比例与现金股利平稳性的相关系数为 0.139,说明股权集中程度可能也会影响现金股利的稳定支付。托宾 Q 与现金股利平稳性呈显著正相关,确切关联还需要进一步研究。现金持有水平与现金股利平稳性之间也呈显著正相关,这说明当现金充足时可能更易改变现金股利支付的政策。总资产增长率和可持续增长率与现金股利平稳性之间的系数显著为正,可知经营状态良好时可能使现金股利支付政策波动性更强。留存收益资产比与现金股利平稳性同样呈显著正相关,说明保留盈余较多的企业现金股利波动性较强。资产负债率与现金股利平稳性呈显著负相关关系,这与第 3 章实证结果相反,而与第 4 章实证结果相同,具体关联还需要进一步检验。此外,表 5.11 也排除了严重的多重共线性的可能。

表 5.11　现金股利平稳性样本相关性分析

	Var	ROA	Growth	Cr	Itr	Size	Deal-Size	Fcf	Liquid	Duality	Hdirrt	Top10	TobinQ	Cash	Tagr	Sgr	Re/Ta	Lev
Var	1.000	—	—	—	—	—	—	—	—	—	—	—	—	—	—	—	—	—
ROA	0.246***	1.000	—	—	—	—	—	—	—	—	—	—	—	—	—	—	—	—
Growth	0.039***	0.113***	1.000	—	—	—	—	—	—	—	—	—	—	—	—	—	—	—
Cr	0.023**	0.264***	-0.047***	1.000	—	—	—	—	—	—	—	—	—	—	—	—	—	—
Itr	0.009	0.027**	-0.012	-0.026**	1.000	—	—	—	—	—	—	—	—	—	—	—	—	—
Size	0.071***	-0.166***	0.011	-0.398***	0.020*	1.000	—	—	—	—	—	—	—	—	—	—	—	—
Deal-Size	-0.017	-0.104***	0.011	-0.276***	0.020*	0.862***	1.000	—	—	—	—	—	—	—	—	—	—	—
Fcf	0.060***	0.134***	-0.061***	-0.006	0.010	-0.009	0.006	1.000	—	—	—	—	—	—	—	—	—	—
Liquid	-0.061***	-0.146***	-0.054***	-0.137***	-0.015	0.290***	0.283***	0.057***	1.000	—	—	—	—	—	—	—	—	—
Duality	0.038***	0.088***	0.014	0.080***	-0.018*	-0.192***	-0.179***	-0.001	-0.177***	1.000	—	—	—	—	—	—	—	—
Hdirrt	0.072***	0.148***	-0.020*	0.169***	-0.028***	-0.296***	-0.286***	0.003	-0.376***	0.547***	1.000	—	—	—	—	—	—	—

表 5.11（续）

Var	ROA	Growth	Cr	Itr	Size	Deal-Size	Fcf	Liquid	Duality	Hdirrt	Top10	TobinQ	Cash	Tagr	Sgr	Re/Ta	Lev
Top10	0.152 ***	-0.011	-0.001	0.064 ***	0.181 ***	0.117 ***	0.044 ***	-0.276 ***	0.020 *	0.091 ***	1.000	—	—	—	—	—	—
TobinQ	0.442 ***	0.027 **	0.302 ***	-0.016	-0.369 ***	-0.242 ***	0.023 **	0.051 ***	0.106 ***	0.124 ***	-0.010	1.000	—	—	—	—	—
Cash	0.225 ***	-0.022 **	0.374 ***	0.024 **	-0.206 ***	-0.165 ***	-0.039 ***	-0.056 ***	0.020 *	0.050 ***	0.063 ***	0.232 ***	1.000	—	—	—	—
Tagr	0.257 ***	0.123 ***	-0.055 ***	-0.028 ***	-0.108 ***	-0.093 ***	-0.272 ***	-0.228 ***	0.095 ***	0.132 ***	0.039 ***	0.126 ***	0.067 ***	1.000	—	—	—
Sgr	0.709 ***	0.180 ***	-0.064 ***	0.035 ***	0.118 ***	0.047 ***	0.056 ***	-0.057 ***	0.032 ***	0.038 ***	0.079 ***	0.221 ***	0.041 ***	0.287 ***	1.000	—	—
Re/Ta	0.601 ***	-0.073 ***	0.441 ***	0.039 ***	-0.254 ***	-0.192 ***	0.192 ***	0.005	0.038 ***	0.103 ***	0.096 ***	0.309 ***	0.244 ***	-0.107 ***	0.243 ***	1.000	—
Lev	-0.054 ***	0.044 ***	-0.681 ***	-0.016	0.574 ***	0.349 ***	-0.101 ***	0.165 ***	-0.098 ***	-0.184 ***	0.028 ***	-0.366 ***	-0.291 ***	0.106 ***	0.107 ***	-0.625 ***	1.000

5.3.4　实证结果分析

1. 财务绩效与现金股利支付水平

为验证假设 5.1a、5.1b、5.5a、5.5b、5.9a、5.9b、5.13a、5.13b, 本章采用式(5.1)对 10 584 条样本数据进行回归分析。回归结果列示于表 5.12。

表 5.12　财务绩效与现金股利支付水平回归结果

变量	全样本(1) Dr	国有企业(2) Dr	民营企业(3) Dr	Diff. (4)
ROA	5.452 6 * * * (41.32)	4.647 1 * * * (17.80)	5.724 3 * * * (36.73)	7.67 * * *
Growth	0.007 4 * * * (3.59)	0.009 5 * * * (2.98)	0.005 6 * * (2.06)	0.41
Cr	0.000 6 (0.32)	0.007 9 * * (2.03)	−0.000 2 (−0.08)	1.76
Itr	0.000 1 (1.52)	0 (0.27)	0.000 1 (1.33)	1.06
Size	−0.017 9 * * * (−3.36)	−0.020 3 * * (−2.36)	−0.007 8 (−1.10)	—
DealSize	0.025 4 * * * (4.69)	0.019 3 * * (2.09)	0.028 1 * * * (4.11)	—
Fcf	0.000 6 * * * (3.59)	0.000 4 * (1.87)	0.000 6 * * * (2.90)	—
Liquid	0.000 6 * * * (4.52)	0.000 9 * * * (3.72)	0.000 6 * * * (3.23)	—
Duality	0.009 3 (1.36)	0.019 2 (1.36)	−0.001 3 (−0.16)	—
Hdirrt	0.000 2 (0.74)	−0.000 3 (−0.08)	0.000 3 (0.93)	—
Top10	0.001 6 * * * (7.24)	0.002 1 * * * (5.99)	0.001 7 * * * (5.62)	—
TobinQ	−0.007 * * (−2.16)	−0.008 (−1.40)	−0.005 7 (−1.42)	—
Cash	0.053 2 * * (2.05)	−0.009 8 (−0.22)	0.082 6 * * (2.56)	—
Tagr	−0.100 6 * * * (−6.32)	−0.118 6 * * * (−3.57)	−0.090 7 * * * (−4.81)	

表 5.12(续)

变量	全样本(1) Dr	国有企业(2) Dr	民营企业(3) Dr	Diff. (4)
Sgr	−5.650 8 * * * (−68.43)	−4.554 5 * * * (−30.53)	−6.146 9 * * * (−61.15)	—
Re/Ta	0.006 2 (0.18)	0.045 3 (0.83)	−0.009 8 (−0.23)	—
Lev	0.446 4 * * * (14.62)	0.374 7 * * * (7.22)	0.492 5 * * * (12.74)	—
Industry	控制	控制	控制	—
Year	控制	控制	控制	—
Constant	−0.015 8 (−0.20)	0.146 (1.32)	−0.358 2 (−2.77)	—
N	10 584	3 631	6 953	—
Adj R2	0.361 0	0.270 4	0.404 3	—
F Value	158.314 * * *	38.373 * * *	125.18 * * *	—

在表 5.12 中,第(1)列列示了本章四个解释变量与现金股利支付水平之间的回归结果。

可以看出,总资产净利率与现金股利支付率在 1% 的水平上呈显著正相关,这与前文得出的结论截然相反。第 3 章和第 4 章均是以这一指标作为控制变量,而本章将其作为解释变量。同时,本章扩大了研究样本,加入了更多变量。因此,本章的结论可能更加可靠。这说明当企业盈利能力越强时,可以为公司及股东赚取更多的利益,因此公司就有能力发放高额的现金股利来回报股东,符合对盈利能力的一般认知。本章的假设 5.1a 得到支持。营业利润增长率与现金股利支付率同样呈现了显著正相关的结果,也否定了单变量分析和相关性分析的结论。这说明利润增长能力也对样本公司现金股利支付水平具有正向作用,支持了本章的假设 5.5a。而流动比率与现金股利支付率之间虽然相关系数为正,但是并未通过显著性检验,表明二者的相关度并不高。这说明外部环境风险增大会影响两者的相关关系,企业在此种情况下并不依赖短期偿债能力决定现金股利政策,同时拒绝了假设 5.9a 和 5.9b。营运能力的代理变量存货周转率与现金股利支付率的回归系数近似于 0,同时并未通过显著性检验,说明在外部风险较大的经济环境下,营运能力对现金股利支付率的影响微乎其微,同时拒绝了假设 5.13a 和 5.13b。解释变量体现的相关属性与前文的单变量分析和相关性分析结果存在不同,是因为前文分析中缺少控制变量,包含太多影响因素,导致结果不准确。

控制变量之中,两职合一、管理者持股比例和留存收益资产比三项未通过显著性检验。公司规模与现金股利支付率呈显著负相关,与相关性分析结论一致。这说明在外部环境风险较大的时候,公司规模越大的企业越倾向于保存一部分的现金流以维持后续发展,因此会减少现金股利的发放。股权规模不同于相关性分析中的结论,与现金股利支付率呈现了显著正相关的关系。这说明当股权规模较大时,公司很可能更看重与股东之间的关系,因此会支付高比例的现金股利。企业自由现金流、流通股比例与现金股利支付率均为正相关,且通过了1%水平上的显著性检验。其中自由现金流与相关性分析结论一致,而流通股比例与相关性分析的结果不同。这说明当现金流储备量充足时,以及企业流通股较高时,样本公司会倾向于发放较高水平的现金股利。前十大流通股股东持股比例与现金股利支付率呈显著正相关,与相关性分析结论一致,这说明当股权相对集中时,股东会通过自身的权重影响管理层的决策,促使管理层制定高额现金股利的分红政策。托宾 Q 与现金股利支付率呈显著负相关,与相关性分析结论不一致,也与第 3 章和第 4 章的结论相反。这说明现金股利支付水平与市场溢价之间的关系也会因样本和变量不同发生改变,关联属性并不确定。现金比率与现金股利支付率延续了相关性分析中的显著正相关关系,这一结论与第 3 章和第 4 章的结论相反。这样的结果意味着现金持有水平较高的样本公司发放的现金股利水平也较高,符合了一般认知。总资产增长率和现金股利支付率延续了相关性分析中的显著负相关关系,并且与第 3 章和第 4 章的结论完全相同,这说明二者的关系是确定的。也就是说,当非日常行为带来增量资产时,公司为整合现有资源,会选择将大量的现有资金留存,而减少现金股利的发放比率。可持续增长率与现金股利支付率同样延续了显著负相关的关系,与总资产增长率类似,同样说明资产增长速度较高的企业现金股利支付水平相对较低。资产负债率与现金股利支付率之间是呈显著正相关的关系,与相关性分析结论相反,而与第 3 章和第 4 章实证分析的结论保持了一致。这样,二者的关系也可以明确,杠杆水平较高的公司支付的现金股利额度也较大。

2. 不同产权性质中的财务绩效与现金股利支付水平

为验证假设5.2a、5.2b、5.6a、5.6b、5.10a、5.10b、5.14a、5.14b,本章同样按照企业的产权性质进行了分组回归,结果列示于表5.12 的第二列和第三列。从表中数据可以看出,总资产净利率在两种产权性质的子样本中保持了与全样本相同的相关属性,而民营企业的相关系数更大,两个系数差异通过了显著性检验。这说明民营企业在盈利能力较强时,为维护与股东之间的关系,会发放比国有企业更高比例的现金股利,支持了本章提出的假设5.2b。发展能力方面,在国有企业样本组中营业利润增长率与现金股利支付率间的相关属性与全样本一致,而民营企业的显著程度只有5%,无论是相关系数还是显著性水平均低于国有企业样本组中的数据,该结果支持了假设5.6a。说明民营企业发展能力对现金股利支付水平的正向贡献相较于国有企业会弱一些。而在偿债能力方面,国有企业样本组中的流动比率与现金股利支付率在5%的水平上显著正相关,民营企业中二者关系不显著。这说明国有企业短期偿债能力较强时,会给股东发放较为高额的现金股利,而民营企业的现金股利政策并不会受到偿债能力的影响,本章的假设5.10a得到验证。原因可能就是为了抵御近年来经济环境波动的风险,上市公司均选择了更加保守的经营策略,以保证企业资金流的稳定循环。国有企业的融资约束低,因此当流动比率高时公司可用的现金流充足,更有能力支付高额的现金股利。而民营企业流动比率高时依然需要保留资金,使企业可以足够应对未知的风险,无法制定高派现的分红政策。最后可以观察到,在两种不同的产权性质样本组中,存货周转率都没有通过显著性检验,这说明在当前的环境下,样本公司进行现金股利决策时不会考虑营运能力这一要素,假设5.14a 和假设5.14b 均被拒绝。

观察控制变量的结果可以发现,公司规模在国有企业样本的回归中与现金股利支付率为显著负相关,但在民营企业中不显著。这说明在国有企业中,公司规模会对现金股利支付产生抑制作用。而民营企业的现金股利政策不会受到公司规模的影响。股权规模在两组子样本中体现出的相关属性与总样本一致。相较于国有企业，民营企业体现出的相关性更强一些。这可能说明在民营企业更加重视股东关系，当股权规模高时，为了进一步维护股东利益，会提高现金股利的发放比率。企业自由现金流这一变量在国有企业子样本中显著性仅为10%，而在民营企业中保持了与总样本相同的显著性。这可能说明民营企业的经营相较于国有企业更依赖于企业的自由现金流。当公司自由现金流充足时，民营企业会增加对股东的回报，上调现金股利的支付比率。流通股比例在两组子样本中维持了相同的属性，而国有企业相关系数更高，可能意味着国有企业更关注流通股股东的利益。两职合一、管理者持股比例在两组子样本中均未体现出显著相关性。前十大流通股股东持股比例在两组子样本中与现金股利支付率均显著正相关，而国有企业中的相关系数更大，可能说明国有企业股权集中程度对现金股利支付的作用更加有效。托宾 Q 的结果较为意外，在两组子样本中均不显著，说明产权性质不会对这一指标与现金股利支付率的相关关系造成影响。现金持有率仅在民营企业中体现出了显著正相关的特征，而国有企业并不显著。这意味着民营企业会将现金持有水平作为现金股利决策的重要参考要素，而国有企业并没有这样的特征。总资产增长率在两组子样本中延续了总样本的相关属性，而国有企业子样本系数绝对值更大，可能意味着国有企业总资产增长速度对现金股利的抑制作用更强。可持续增长率在两组子样本中同样保持了相关属性特征，而民营企业的系数绝对值较大，可能说明民营企业可持续发展的能力对现金股利的抑制作用更强。留存收益资产比在两组子样本中均不具有显著相关性，与总样本一致。资产负债率在两组子样本中的相关属性相同，而民营企业的系数更大，可能说明民营企业使用财务杠杆的能力越强，对现金股利的发放比率提高的现象就越明显。

3. 财务绩效与现金股利平稳性

为验证假设 5.3a、5.3b、假设 5.7a、5.7b、假设 5.11a、5.11b 及假设 5.15a、5.15b，本章对 8 864 条数据样本进行回归分析，具体回归结果列示于表 5.13。

表 5.13　财务绩效与现金股利平稳性回归结果

变量	全样本(1) Var	国有企业(2) Var	民营企业(3) Var	Diff. (4)
ROA	0.571 2 *** (27.13)	0.580 8 *** (15.49)	0.575 3 *** (21.91)	0.00
Growth	0.001 2 *** (4.31)	0.000 2 (0.48)	0.001 9 *** (4.78)	5.08 * *
Cr	-0.001 1 *** (-3.40)	-0.000 1 (-0.14)	-0.001 1 *** (-2.80)	3.41 *
Itr	0.000 ** (2.20)	0.000 (1.33)	0.000 (1.20)	0.000
Size	0.018 4 *** (22.29)	0.021 3 *** (17.89)	0.0174 *** (14.75)	—

表 5.13（续）

变量	全样本（1） Var	国有企业（2） Var	民营企业（3） Var	Diff.（4）
Deal-Size	-0.017 4 * * * (-20.14)	-0.020 6 * * * (-15.84)	-0.016 1 * * * (-13.70)	—
Fcf	0 * (1.91)	0.000 1 * (1.96)	0 (0.79)	—
Liquid	-0.000 1 * * * (-2.61)	0 (-1.12)	0 (-1.43)	—
Duality	0.000 7 (0.63)	0.005 * * (2.55)	-0.001 4 (-1.05)	—
Hdirrt	0.000 1 * * * (3.04)	0.000 4 (0.77)	0.000 2 * * * (3.48)	—
Top10	0.000 1 * (1.65)	0.000 1 * * (2.10)	0.000 1 * (1.75)	—
TobinQ	-0.000 7 (-1.42)	0.001 (1.22)	-0.001 6 * * * (-2.63)	—
Cash	0.006 1 (1.40)	-0.005 8 (-0.91)	0.012 3 * * (2.08)	—
Tagr	0.002 1 (0.77)	0.003 3 (0.67)	-0.000 6 (-0.17)	—
Sgr	-0.316 9 * * * (-24.42)	-0.29 * * * (-13.68)	-0.337 1 * * * (-20.17)	—
Re/Ta	0.011 8 * * (2.25)	0.006 8 (0.88)	0.011 4 (1.59)	—
Lev	0.011 * * (2.31)	-0.000 9 (-0.12)	0.020 7 * * * (3.27)	—
Industry	控制	控制	控制	—
Year	控制	控制	控制	—
Constant	-0.061 5 * * * (-5.18)	-0.064 6 * * * (-4.09)	-0.072 9 * * * (-3.51)	—
N	8 864	3 397	5 467	—
Adj R2	0.184	0.230 9	0.170 7	—
F Value	55.02 * * *	29.32 * * *	32.24 * * *	—

表5.13第一列报告的是全样本公司盈利能力、发展能力、偿债能力、营运能力与现金股利支付平稳性的回归结果。从表中可以看出,总资产净利率与现金股利支付平稳性的相关系数为0.571 2,通过了1%水平的显著性检验,相关属性与单变量分析和相关性分析结论一致,也与第3章和第4章的结论一致。这说明总资产净利率与现金股利平稳性的相关关系可以确定。总资产净利率作为企业盈利能力的代表,当其增加时,公司会不断调整现金股利政策,及时通过现金股利分配向外界传递信息,造成现金股利呈现波动性更强的特征,本章提出的假设5.3a得到支持。营业利润增长率与现金股利平稳性间的回归系数为0.001 2,通过了1%的显著性检验,相关属性与相关性分析中的结论一致。这说明当发展能力较强时,样本公司更有可能随着本期的盈利能力不断调整企业的现金股利,增大了现金股利的波动性,支持了本章的假设5.7b。而流动比率与现金股利平稳性呈现了与单变量分析和相关性分析中结论相反的显著负相关关系。这说明当偿债能力越强时,样本公司更有支付稳定现金股利的实力和能力,现金股利支付平稳性会随之提高,支持了本章提出的假设5.11a。存货周转率与现金股利平稳性之间在5%的水平上显著正相关,相关属性与单变量分析的结论一致,而与相关性分析中的结论不同,表明营运能力较强的样本公司,现金股利也呈现出波动性特点,支持了本章的假设5.15b。

控制变量之中,两职合一、托宾Q、现金比率与总资产增长率不具备显著性。公司规模的相关属性与相关性分析中的结论保持一致,与现金股利平稳性显著正相关。这说明规模较大的样本公司,其现金股利的波动性更强。股权规模则与相关性分析不同,与现金股利平稳性呈现了显著负相关的特征。这意味着股权规模大的样本公司倾向于发放稳定的现金股利。自由现金流延续了相关性分析中的特性,与现金股利平稳性显著正相关。这表明自由现金流较为充沛的企业,现金股利具有更大的自由度,波动性更强。流通股比例也与相关性分析一致,体现了显著负相关的特性。这表明流通股比重较大的样本公司更加注重发放平稳的现金股利。总经理持股比例的相关属性同样延续了相关性分析中的特征,呈现显著正相关的关系。表明总经理持股不利于现金股利保持平稳状态。前十大流通股股东持股比例保持了显著正相关的特性,但是相关程度要弱于相关性分析的结果。可持续增长率同相关性分析结论相反,与现金股利平稳性显著负相关,表明可持续增长水平更高的企业其现金股利呈现了较为平稳的特征,可能是将新增的收益多数用于维持企业的增长的缘故所致。留存收益资产比(Re/Ta)与现金股利平稳性的相关关系保持了相关性分析中的特征,意味着留存收益占总资产比重较大的样本公司,现金股利的波动性更强。资产负债率与现金股利平稳性显著正相关,与第3章结论相同,而与第4章和相关性分析的结论相反,在本章样本中,杠杆水平较高的公司现金股利的波动性更强。

4. 不同产权性质中的财务绩效与现金股利平稳性

为验证假设5.4a、5.4b、假设5.8a、5.8b、假设5.12a、5.12b及假设5.16a、5.16b,本章同样按照产权性质进行分组,对两组样本进行回归分析,结果列示于表5.13的第(2)、(3)列。

总资产净利率在两组子样本中保持了与全样本相同的相关属性,并且系数差异不大,没有通过显著性检验,这说明这一指标对于现金股利平稳性的影响在国有企业和民营企业中没有明显的差别,假设5.4a和5.4b均没有得到充分的支持。在国有企业样本组中,营业利润增长率与现金股利平稳性之间的相关关系未通过显著性检验,而民营企业子样本的相关属性与全样本相同,系数差异通过了显著性检验。这说明民营企业更希望通过及时的分红信号向股东传递本企业增长良好的信息,而国有企业在发展能力强时依然维持原有政策,二者没有显著的关联,支持了本章提出的假设 5.8b。在偿债能力方面,流动比率的特征与营业利润增长率类似,民营企业子样本相关属性与全样本相同,而国有企业子样本不显著,系数差异也通过了显著性检验。这说明当民营企业的偿债能力提高时,企业有能力支付稳定的现金股利,因而会满足股东对于平滑股利的需求,不会经常性地更改现金股利水平,在偿债能力差时,则会根据生产经营需要不断调整现金股利支付水平,导致现金股利平稳性变差。而在国有企业中,现金股利支付的平稳性不单纯依赖于其偿债能力的高低,可能要取决于管理层和股东之间的博弈。回归结果支持了假设 5.12b。最后,可以看出在两个子样本组中,存货周转率与现金股利平稳性之间的系数近似于 0,都未通过显著性检验。回归结果表明,在国有企业和民营企业中,营运能力的强弱对现金股利平稳性的影响并没有明显的差别,同时拒绝了假设 5.16a 和 5.16b。

控制变量中,两组子样本公司规模与股权规模均保持了与总样本一致的相关属性。这说明公司规模与股权规模两个要素对于现金股利平稳性的影响效果不存在因为产权性质造成的明显区别。自由现金流仅在国有企业子样本中保留了与全样本相同的相关属性,而民营企业子样本没有通过显著性检验。这说明国有企业自由现金流较为充沛时,现金股利的波动性更强,而民营企业不会呈现这一特征。流通股比例在两组子样本中均未通过显著性检验,说明这一要素不会因产权性质不同而对现金股利平稳性形成不同的影响。但两职合一与现金股利平稳性在两组回归中差异比较明显,在国有企业子样本中呈现了显著正相关的特性,而民营企业子样本中则不存在显著性。这说明在国有企业中两职合一会对现金股利的平稳支付产生负向影响,而民营企业现金股利政策不会受到这一要素的干扰。总经理持股比例的相关特性仅在民营企业子样本中得以保持,国有企业子样本则没有通过显著性检验。这说明民营企业总经理持股会影响到现金股利的平稳支付,而国有企业总经理是否持股对现金股利平稳性并不构成实质影响。前十大流通股股东持股比例在两组子样本中均呈现显著正相关的特性,但是国有企业子样本显著性更强,这说明国有企业股权集中程度对现金股利平稳性的影响更为强烈。托宾 Q 在民营企业子样本中呈现了显著的负相关特性,而国有企业子样本与全样本一样,没有通过显著性检验。说明民营企业现金股利平稳程度与企业溢价程度具有正相关的关系,稳定、持久的现金股利支付对民营企业的股东具有很强的吸引力。现金持有率在民营企业子样本中呈现了显著正相关的属性,而国有企业子样本没有通过显著性检验。这表明民营企业现金水平较高时,现金股利的支付却呈现出波动性更强的特征,可能是因为民营企业在现金充足时会将更多的现金用于分红,提高股东回报水平。总资产增长率在两组子样本中与总样本一样没有通过显著性检验。而可持续增长率在两组子样本中均保持了与总样本一致的相关属性。留存收益资产比与全样本不同,两组子样本均未通过显著性检验,这说明该指标对现金股利平稳程度的影响不会因为产权性质的不同而改变。资产负债率在民营企业中呈现了 1% 水平的显著正相关特性,而在国有企业中却不具有显著性。这说明民营企业杠杆水平较高时,面临的风险较大,现金股利会偏离平稳性,而国有企业禀赋较好,并不会因为杠杆水平造成现金股利的波动。

5.3.5 稳健性分析

5.3.5.1 财务绩效与现金股利支付率

1. 替换盈利能力代理变量

本章首先将总资产净利率替换为滚动 12 个月的平均净利润与总资产平均余额之比,即动态总资产净利率($ROA1$),重新进行回归,结果列示于表 5.14。

表 5.14 动态总资产净利率与现金股利支付率

变量	全样本(1) Dr	国有企业(2) Dr	民营企业(3) Dr	Diff.(4)
$ROA1$	5.442 7 *** (41.47)	4.598 *** (17.88)	5.717 2 *** (36.83)	9.45 ***
$Growth$	0.005 2 ** (2.53)	0.006 4 ** (2.00)	0.004 2 (1.57)	0.09
Cr	0.000 6 (0.30)	0.007 9 ** (2.02)	−0.000 3 (−0.14)	1.78
Itr	0.000 1 (1.35)	0 (0.26)	0.000 1 (1.11)	0.70
$Size$	−0.019 *** (−3.57)	−0.020 6 ** (−2.40)	−0.009 (−1.26)	—
$Deal-Size$	0.025 5 *** (4.71)	0.019 4 ** (2.09)	0.028 2 *** (4.12)	—
Fcf	0.000 6 *** (3.76)	0.000 5 ** (2.04)	0.000 6 *** (2.97)	—
$Liquid$	0.0007 *** (5.03)	0.001 *** (4.31)	0.000 6 *** (3.45)	—
$Duality$	0.009 5 (1.39)	0.020 8 (1.48)	−0.001 8 (−0.22)	—
$Hdirrt$	0.000 3 (0.94)	0 (0.00)	0.000 3 (1.05)	—
$Top10$	0.001 6 *** (7.11)	0.002 1 *** (5.95)	0.001 6 *** (5.48)	—
$TobinQ$	−0.007 ** (−2.14)	−0.007 7 (−1.35)	−0.005 5 (−1.38)	—

表 5.14(续)

变量	全样本(1) Dr	国有企业(2) Dr	民营企业(3) Dr	Diff.(4)
Cash	0.051 9 * * (2.01)	−0.009 7 (−0.22)	0.082 6 * * (2.56)	—
Tagr	−0.094 2 * * * (−5.94)	−0.107 3 * * * (−3.25)	−0.087 3 * * * (−4.64)	—
Sgr	−5.664 7 * * * (−68.54)	−4.561 * * * (−30.61)	−6.157 8 * * * (−61.22)	—
Re/Ta	0.012 1 (0.36)	0.047 6 (0.87)	−0.002 7 (−0.06)	—
Lev	0.446 8 * * * (14.65)	0.370 2 * * * (7.15)	0.493 6 * * * (12.78)	—
Industry	控制	控制	控制	
Year	控制	控制	控制	
Constant	0.001 3 (0.02)	0.142 1 (1.28)	−0.335 9 * * * (−2.59)	—
N	10 584	3 631	6 953	—
Adj R2	0.361 6	0.271	0.404 8	—
F Value	158.73 * * *	38.476 * * *	125.43 * * *	—

从表 5.14 中可以看出,动态总资产净利率与现金股利支付率的系数为 5.442 7,在 1% 的水平上显著,并且相关属性在国有企业和民营企业两组子样本中得到保持。而国有企业和民营企业相关系数的差异通过了显著性检验。证明本章关于盈利能力与现金股利支付水平得到的结论稳健。

2.替换发展能力代理变量

本章将发展能力的代理变量由营业利润增长率替换为利润总额增长率重新进行回归,结果列示于表 5.15。

表 5.15　利润总额增长率与现金股利支付率

变量	全样本(1) Dr	国有企业(2) Dr	民营企业(3) Dr	Diff.(4)
ROA	5.453 1 * * * (41.31)	4.627 3 * * * (17.72)	5.725 6 * * * (36.72)	7.99 * * *
Growth1	0.008 5 * * * (3.40)	0.010 1 * * * (2.60)	0.008 * * (2.46)	0.03

表 5.15（续 1）

变量	全样本（1） Dr	国有企业（2） Dr	民营企业（3） Dr	Diff.（4）
Cr	0.000 8 （0.42）	0.008 * * （2.04）	0.000 1 （0.04）	1.66
Itr	0.000 1 （1.50）	0 （0.24）	0.000 1 （1.34）	1.15
Size	−0.017 6 * * * （−3.31）	−0.020 1 * * （−2.35）	−0.007 3 （−1.02）	—
Deal−Size	0.025 2 * * * （4.67）	0.018 9 * * （2.04）	0.028 * * * （4.09）	—
Fcf	0.000 6 * * * （3.68）	0.000 4 * （1.88）	0.000 6 * * * （3.03）	—
Liquid	0.000 6 * * * （4.50）	0.000 9 * * * （3.75）	0.000 6 * * * （3.18）	—
Duality	0.01 （1.47）	0.020 2 （1.43）	−0.000 6 （−0.07）	—
Hdirrt	0.000 2 （0.75）	−0.000 2 （−0.07）	0.000 3 （0.95）	—
Top10	0.001 6 * * * （7.14）	0.002 1 * * * （6.05）	0.001 6 * * * （5.51）	—
TobinQ	−0.008 3 * * （−2.55）	−0.008 （−1.40）	−0.007 4 * （−1.84）	—
Cash	0.056 2 * * （2.17）	−0.009 9 （−0.22）	0.087 * * * （2.70）	—
Tagr	−0.1 * * * （−6.30）	−0.118 3 * * * （−3.56）	−0.09 * * * （−4.79）	—
Sgr	−5.656 9 * * * （−68.27）	−4.556 9 * * * （−30.45）	−6.158 7 * * * （−61.02）	—
Re/Ta	0.009 2 （0.27）	0.048 9 （0.89）	−0.005 1 （−0.12）	—
Lev	0.446 7 （14.65）	0.375 * * * （7.21）	0.493 7 * * * （12.80）	—
Industry	控制	控制	控制	—
Year	控制	控制	控制	—
Constant	−0.016 2 （−0.21）	0.149 2 （1.34）	−0.365 * * * （−2.82）	

表 5.15（续 2）

变量	全样本（1）Dr	国有企业（2）Dr	民营企业（3）Dr	Diff.（4）
N	10 575	3 631	6 944	—
Adj R2	0. 361 5	0. 270	0. 405 5	—
F Value	158. 569 ***	38. 29 ***	125. 61 ***	—

从表 5.15 中可以看出,利润总额增长率与现金股利支付率依然呈现了显著正相关的关系。而这一指标在国有企业和民营企业子样本中均保持了相关特征,但是国有企业子样本的显著性更强,与前文结论一致,证明本章关于发展能力与现金股利支付水平的研究结果稳健。

3. 替换偿债能力代理变量

本章将偿债能力的代理变量流动比率替换为速动比率,重新进行回归,结果列示于表 5.16。

表 5.16　速动比率与现金股利支付率

变量	全样本（1）Dr	国有企业（2）Dr	民营企业（3）Dr	Diff.（4）
ROA	5. 453 1 *** (41. 34)	4. 646 9 *** (17. 82)	5. 725 *** (36. 76)	7. 66 ***
Growth	0. 007 5 *** (3. 60)	0. 009 4 *** (2. 97)	0. 005 6 * * (2. 06)	0. 41
Qr	0. 001 3 (0. 62)	0. 010 5 * * (2. 34)	0. 000 (0. 00)	2. 01
Itr	0. 000 1 (1. 49)	0. 000 (0. 12)	0. 000 1 (1. 33)	1. 35
Size	−0. 018 1 *** (−3. 39)	−0. 020 5 * * (−2. 39)	−0. 007 9 (−1. 10)	—
Deal-Size	0. 025 5 *** (4. 72)	0. 019 4 * * (2. 09)	0. 028 2 *** (4. 12)	—
Fcf	0. 000 6 *** (3. 60)	0. 000 4 * (1. 87)	0. 000 6 *** (2. 91)	—
Liquid	0. 000 6 *** (4. 53)	0. 000 9 *** (3. 73)	0. 005 8 *** (3. 23)	—
Duality	0. 009 3 (1. 37)	0. 019 3 (1. 37)	−0. 001 3 (−0. 16)	—

表 5.16（续）

变量	全样本（1） Dr	国有企业（2） Dr	民营企业（3） Dr	Diff.（4）
Hdirrt	0.000 2 (0.72)	−0.000 5 (−0.15)	0.000 3 (0.92)	—
Top10	0.001 6 * * * (7.24)	0.002 1 * * * (5.99)	0.001 7 * * * (5.62)	—
TobinQ	−0.007 1 * * (−2.17)	−0.007 3 (−1.29)	−0.005 7 (−1.42)	—
Cash	0.050 8 * (1.94)	−0.020 7 (−0.45)	0.082 * * (2.52)	—
Tagr	−0.100 8 * * * (−6.33)	−0.118 7 * * * (−3.57)	−0.090 7 * * * (−4.81)	—
Sgr	−5.650 8 * * * (−68.43)	−4.557 4 * * * (−30.55)	−6.147 2 * * * (−61.17)	—
Re/Ta	0.006 6 (0.20)	0.048 6 (0.89)	−0.01 (−0.23)	—
Lev	0.450 8 * * * (14.87)	0.383 3 * * * (7.35)	0.494 3 * * * (12.95)	—
Industry	控制	控制	控制	—
Year	控制	控制	控制	—
Constant	−0.017 (−0.22)	0.147 5 (1.34)	0.358 9 * * * (−2.78)	—
N	10 583	3 631	6 953	—
Adj R2	0.361	0.270 7	0.404 3	—
F Value	158.33 * * *	38.43 * * *	125.18 * * *	—

从表 5.16 中可以看出，速动比率在总样本中并没有通过显著性检验，但是在国有企业子样本中与现金股利支付率显著正相关，而民营企业中不具备显著性特征。这一结论也与前文一致，证明本章关于偿债能力与现金股利支付水平的研究结果稳健。

4.增加控制变量

为避免遗漏变量带来的影响，本章加入代表公司营运资金水平的变量——营运资金比例，重新进行回归，结果列示于表 5.17。

表 5.17　增加变量后的财务绩效与现金股利支付率

变量	全样本(1) Dr	国有企业(2) Dr	民营企业(3) Dr	Diff.(4)
ROA	5.461 5 * * * (41.37)	4.654 7 * * * (17.82)	5.730 8 * * * (36.75)	7.60 * * *
Growth	0.007 3 * * * (3.53)	0.009 4 * * * (2.96)	0.005 5 * * (2.03)	0.43
Cr	0.002 4 (1.12)	0.009 6 * * (2.16)	0.001 1 (0.45)	1.52
Itr	0.000 1 (1.41)	0.000 (0.23)	0.000 1 (1.25)	0.98
Size	−0.018 3 * * * (−3.43)	−0.020 3 * * (−2.36)	−0.008 4 (−1.17)	—
Deal−Size	0.024 9 * * * (4.60)	0.019 1 * * (2.06)	0.027 7 * * * (4.05)	—
Fcf	0.000 5 * * * (3.38)	0.000 4 * (1.78)	0.000 6 * * * (2.77)	—
Liquid	0.000 6 * * * (4.44)	0.000 9 * * * (3.70)	0.000 6 * * * (3.21)	—
Duality	0.009 2 (1.35)	0.019 2 (1.36)	−0.001 3 (−0.17)	—
Hdirrt	0.0002 (0.77)	−0.000 2 (−0.07)	0.000 3 (0.94)	—
Top10	0.001 6 * * * (7.26)	0.002 1 * * * (5.98)	0.001 7 * * * (5.64)	—
TobinQ	−0.006 9 * * (−2.11)	−0.007 4 (−1.28)	−0.005 9 (−1.46)	—
Cash	0.0681 * * (2.50)	0.001 8 (0.04)	0.094 4 * * * (2.79)	—
Tagr	−0.100 1 * * * (−6.28)	−0.116 5 * * * (−3.49)	−0.090 8 * * * (−4.81)	—
Sgr	−5.653 9 * * * (−68.46)	−4.561 2 * * * (−30.53)	−6.146 4 * * * (−61.15)	—
Re/Ta	0.010 6 (0.31)	0.048 1 (0.88)	−0.005 5 (−0.13)	—
Lev	0.437 3 * * * (14.13)	0.371 2 * * * (7.12)	0.483 * * * (12.22)	—

表 5.17（续）

变量	全样本（1）Dr	国有企业（2）Dr	民营企业（3）Dr	Diff.（4）
Wcr	-0.039 5 * (-1.80)	-0.028 2 (-0.80)	-0.032 9 (-1.15)	—
Industry	控制	控制	控制	—
Year	控制	控制	控制	—
Constant	0.007 5 (0.10)	0.149 5 (1.35)	-0.329 2 * * (-2.50)	—
N	10 584	3 631	6 953	—
Adj R2	0.361 1	0.270 3	0.404 4	—
F Value	154.37 * * *	37.35 * * *	122.01 * * *	—

从表 5.17 中可以看出，加入控制变量后，总资产净利率与现金股利支付率继续保持了显著的正相关关系，两组子样本也呈现了相同的相关属性，而民营企业系数更大，差异通过了显著性检验，证明本章关于盈利能力与现金股利支付水平的研究结果稳健。营业利润增长率与现金股利支付率同样延续了显著正相关的关系，并且国有企业子样本的显著性强于民营企业子样本，证明本章关于营运能力与现金股利支付水平的研究结果稳健。流动比率与现金股利支付率的关系在全样本中不显著，而仅在国有企业子样本中显著，证明本章关于偿债能力与现金股利支付水平的研究结果稳健。存货周转率与现金股利支付率的关系在全样本和两组子样本中均不显著，证明本章关于营运能力与现金股利支付水平的研究结果稳健。

5.3.5.2 财务绩效与现金股利平稳性

1. 替换盈利能力代理变量

在现金股利平稳性的稳健性检验中，本章同样将总资产净利率替换为动态总资产净利率，重新进行回归，结果列示于表 5.18。

表 5.18 动态总资产净利率与现金股利平稳性

变量	全样本（1）Var	国有企业（2）Var	民营企业（3）Var	Diff.（4）
ROA1	0.570 3 * * * (27.29)	0.592 1 * * * (16.15)	0.570 6 * * * (21.82)	0.06
Growth	0.001 * * * (3.57)	-0.000 2 (0.39)	0.001 7 * * * (4.47)	6.93 * * *
Cr	-0.001 1 * * * (-3.39)	-0.000 1 (-0.13)	-0.001 2 * * * (-2.83)	3.63 *

表 **5.18**(续 1)

变量	全样本(1) Var	国有企业(2) Var	民营企业(3) Var	Diff. (4)
Itr	0.000 * * (2.07)	0.000 (1.32)	0.000 (1.04)	0.01
Size	0.018 3 * * * (22.16)	0.021 3 * * * (17.91)	0.017 3 * * * (14.64)	—
Deal-Size	−0.017 4 * * * (−20.14)	−0.020 6 * * * (−15.61)	−0.016 * * * (−13.68)	—
Fcf	0.000 * * (2.08)	0.000 1 * * (2.09)	0.000 (0.88)	—
Liquid	0.000 * * (−2.13)	0.000 (−0.36)	0.000 (−1.24)	—
Duality	0.000 7 (0.62)	0.005 2 * * * (2.66)	−0.001 5 (−1.11)	—
Hdirrt	0.000 1 * * * (3.24)	0.000 4 (0.86)	0.000 2 * * * (3.59)	—
Top10	0.000 (1.49)	0.000 1 * * (1.99)	0.0001 (1.63)	—
TobinQ	−0.000 7 (−1.38)	0.000 9 (1.17)	−0.001 6 * * (−2.53)	—
Cash	0.005 8 (1.34)	−0.006 1 (−0.94)	0.012 4 * * (2.09)	—
Tagr	0.002 9 (1.06)	0.004 2 (0.87)	−0.000 1 (−0.02)	—
Sgr	−0.318 8 * * * (−24.55)	−0.299 1 * * * (−14.19)	−0.336 6 * * * (−20.12)	—
Re/Ta	0.012 6 * * (2.41)	0.006 (0.78)	0.012 8 * (1.80)	—
Lev	0.011 1 * * (2.35)	−0.000 3 (−0.04)	0.020 7 * * * (3.27)	—
Industry	控制	控制	控制	—
Year	控制	控制	控制	—
Constant	−0.060 2 * * * (−5.07)	−0.065 7 * * * (−4.17)	−0.070 9 * * * (−3.41)	—
N	8 864	3 397	5 467	

表 5.18(续 2)

变量	全样本(1) Var	国有企业(2) Var	民营企业(3) Var	Diff. (4)
Adj R2	0. 184 7	0. 235 4	0. 170 1	—
F Value	55. 28 * * *	30. 04 * * *	32. 12 * * *	—

从表 5.18 中,可以看出,动态总资产净利率与现金股利平稳性依然保持了显著正相关的特性,而在两组子样本中,继续延续这一特性,系数之间的差异并不显著,与前文结论一致,证明本章关于盈利能力与现金股利平稳性的研究结果稳健。

2. 替换发展能力代理变量

本部分同样将发展能力的代理变量由营业利润增长率替换为利润总额增长率重新进行回归,结果列示于表 5.19。

表 5.19　利润总额增长率与现金股利平稳性

变量	全样本(1) Var	国有企业(2) Var	民营企业(3) Var	Diff. (4)
ROA	0. 572 * * * (27. 00)	0. 578 6 * * * (15. 42)	0. 576 7 * * * (21. 85)	0. 000
Growth1	0. 001 2 * * * (3. 28)	0. 000 8 (1. 57)	0. 001 5 * * * (3. 03)	0. 39
Cr	−0. 001 1 * * * (−3. 40)	−0. 000 1 (−0. 12)	−0. 001 2 * * * (−2. 83)	3. 58 *
Itr	0. 000 * * (2. 17)	0. 000 (1. 33)	0. 000 (1. 19)	0. 000
Size	0. 018 4 * * * (22. 33)	0. 021 4 * * * (17. 94)	0. 017 5 * * * (14. 83)	—
Deal−Size	−0. 017 5 * * * (−20. 21)	−0. 020 6 * * * (−15. 88)	−0. 016 2 * * * (−13. 80)	—
Fcf	0. 000 * (1. 86)	0. 0001 * * (2. 02)	0. 000 (0. 66)	—
Liquid	−0. 000 1 * * * (−2. 66)	0. 000 (−1. 02)	0. 000 (−1. 51)	—
Duality	0. 000 7 (0. 69)	0. 005 * * (2. 55)	−0. 001 3 (−1. 00)	—
Hdirrt	0. 000 1 (2. 96)	0. 000 4 (0. 83)	0. 000 2 * * * (3. 37)	—

表 5.19(续)

变量	全样本(1) Var	国有企业(2) Var	民营企业(3) Var	Diff.(4)
Top10	0.000 1 * (1.65)	0.000 1 * * (2.08)	0.000 1 * (1.66)	—
TobinQ	−0.000 7 (−1.45)	0.001 (1.29)	−0.001 7 * * * (−2.64)	—
Cash	0.006 1 (1.42)	−0.005 5 (−0.83)	0.012 5 * * (2.11)	—
Tagr	0.002 2 (0.81)	0.003 1 (0.64)	−0.0005 (−0.14)	—
Sgr	−0.317 3 * * * (−24.31)	−0.293 2 * * * (−13.80)	−0.336 9 * * * (−20.00)	
Re/Ta	0.012 2 * * (2.30)	0.006 (1.03)	0.011 3 (1.56)	—
Lev	0.010 9 * * (2.31)	−0.000 6 (−0.08)	0.020 7 * * * (3.25)	—
Industry	控制	控制	控制	—
Year	控制	控制	控制	—
Constant	−0.061 2 * * * (−5.14)	−0.066 1 * * * (−4.18)	−0.072 1 * * * (−1.46)	—
N	8 856	3 397	5 459	
Adj R2	0.183 3	0.231 4	0.168 5	
F Value	54.70 * * *	29.41 * * *	31.73 * * *	—

从表 5.19 中可以看出,利润总额增长率与现金股利平稳性在全样本中显著正相关,但是在国有企业子样本中没有通过显著性检验,而民营企业子样本中的相关属性与总样本相同,结论与前文一致,证明本章关于发展能力与现金股利平稳性的研究结果稳健。

3.替换偿债能力代理变量

本章继续将偿债能力的代理变量流动比率替换为速动比率,重新进行回归,结果列示于表 5.20。

— 131 —

表 5.20　速动比率与现金股利平稳性

变量	全样本(1) Var	国有企业(2) Var	民营企业(3) Var	Diff. (4)
ROA	0.572 * * * (27.20)	0.581 1 * * * (15.51)	0.576 * * * (21.97)	0.00
Growth	0.001 2 * * * (4.31)	0.000 2 (0.48)	0.001 9 * * * (4.77)	5.05 * *
Qr	−0.001 3 * * * (−3.61)	0.000 (−0.06)	−0.001 4 * * * (−3.05)	4.20 * *
Itr	0.000 * * (2.40)	0.000 (1.33)	0.000 (1.36)	0.01
Size	0.018 4 * * * (22.31)	0.021 3 * * * (17.88)	0.017 4 * * * (14.79)	—
Deal−Size	−0.017 4 * * * (−20.15)	−0.020 6 * * * (−15.85)	−0.016 1 * * * (−13.72)	—
Fcf	0.000 * (1.95)	0.000 1 * * (1.97)	0.000 (0.82)	—
Liquid	−0.000 1 * * * (−2.63)	0.000 (−1.12)	0.000 (−1.45)	—
Duality	0.000 7 (0.62)	0.005 * * (2.55)	−0.001 4 (−1.06)	—
Hdirrt	0.000 1 * * * (3.08)	0.000 4 (0.76)	0.000 2 * * * (3.51)	—
Top10	0.000 1 (1.63)	0.000 1 * * (2.09)	0.000 1 * (1.72)	—
TobinQ	−0.000 7 (−1.47)	0.000 9 (1.21)	−0.001 6 * * * (−2.60)	—
Cash	0.007 1 (1.62)	−0.005 9 (−0.90)	0.013 6 * * (2.26)	—
Tagr	0.002 3 (0.83)	0.003 3 (0.67)	−0.000 4 (−0.12)	—
Sgr	−0.317 * * * (−24.44)	−0.290 1 * * * (13.69)	−0.337 4 * * * (−20.20)	—

表 5. 20(续)

变量	全样本(1) Var	国有企业(2) Var	民营企业(3) Var	Diff. (4)
Re/Ta	0. 011 5 * * (2. 20)	0. 006 9 (0. 89)	0. 011 1 (1. 57)	—
Lev	0. 010 7 * * (2. 28)	−0. 000 6 (−0. 08)	0. 020 4 * * * (3. 27)	—
Industry	控制	控制	控制	—
Year	控制	控制	控制	—
Constant	−0. 062 5 * * * (−5. 28)	−0. 064 8 * * * (−4. 11)	−0. 074 4 * * * (−3. 59)	—
N	8 864	3 397	5 467	
Adj R2	0. 184 2	0. 230 9	0. 170 9	
F Value	55. 07 * * *	29. 32 * * *	32. 29 * * *	—

从表 5. 20 中可以看出,速动比率与现金股利平稳性在全样本中体现出了显著的负相关关系,但是在国有企业子样本中没有通过显著性的检验,而在民营企业子样本中呈现的相关属性与全样本相同,这与前文结论一致,证明本章关于偿债能力与现金股利平稳性的研究结果稳健。

4. 增加控制变量

最后,本章加入代表公司营运资金水平的变量:营运资金比例,重新进行回归,结果列示于表 5. 21。

表 5. 21　增加控制变量后的财务绩效与现金股利平稳性

变量	全样本(1) Var	国有企业(2) Var	民营企业(3) Var	Diff. (4)
ROA	0. 571 4 * * * (27. 12)	0. 580 2 * * * (15. 46)	0. 576 2 * * * (21. 93)	0. 000
Growth	0. 001 2 * * * (4. 31)	0. 000 2 (0. 48)	0. 001 8 * * * (4. 76)	5. 02 * *
Cr	−0. 001 1 * * * (−2. 87)	−0. 000 2 (−0. 34)	−0. 000 9 * * (−2. 02)	1. 21
Itr	0. 000 * * (2. 18)	0. 000 (1. 35)	0. 000 (1. 13)	0. 00
Size	0. 018 4 * * * (22. 25)	0. 021 3 * * * (17. 89)	0. 017 3 * * * (14. 61)	—

表 5.21（续 1）

变量	全样本（1） Var	国有企业（2） Var	民营企业（3） Var	Diff.（4）
DealSize	−0.017 4＊＊＊ （−20.14）	−0.020 6＊＊＊ （−15.82）	−0.016 1＊＊＊ （−13.72）	—
Fcf	0.000＊ （1.88）	0.000 1＊＊ （1.99）	0.000 （0.68）	—
Liquid	−0.000 1＊＊＊ （−2.61）	0.000 （−1.11）	0.000 （−1.43）	—
Duality	0.000 7 （0.63）	0.005＊＊ （2.55）	−0.001 4 （−1.05）	—
Hdirrt	0.000 1＊＊＊ （3.04）	0.000 4 （0.76）	0.000 2＊＊＊ （3.50）	—
Top10	0.000 1＊ （1.66）	0.000 1＊＊ （2.10）	0.000 1＊ （1.77）	—
TobinQ	−0.000 7 （−1.42）	0.000 9 （1.15）	−0.001 7＊＊＊ （−2.67）	—
Cash	0.006 3 （1.39）	−0.006 7 （−1.00）	0.014＊＊ （2.26）	—
Tagr	0.002 1 （0.78）	0.003 1 （0.64）	−0.000 6 （−0.19）	—
Sgr	−0.316 9＊＊＊ （−24.41）	−0.289 5＊＊＊ （−13.63）	−0.337＊＊＊ （−20.17）	—
Re/Ta	0.011 9＊＊ （2.26）	0.006 6 （0.86）	0.012＊ （1.68）	—
Lev	0.010 8＊＊ （2.27）	−0.000 6 （−0.09）	0.019 7＊＊＊ （3.07）	—
Wcr	−0.000 7 （−0.20）	0.002 2 （0.44）	−0.000 4 （−0.92）	—
Industry	控制	控制	控制	—
Year	控制	控制	控制	—
Constant	−0.061 2＊＊＊ （−5.10）	−0.065＊＊＊ （−4.10）	−0.069 3＊＊＊ （−3.28）	—
N	8 864	3 397	5 467	—

表 5.21(续 2)

变量	全样本(1) Var	国有企业(2) Var	民营企业(3) Var	Diff. (4)
Adj R2	0.183 9	0.230 7	0.170 6	—
F Value	53.57 ***	28.53 ***	31.39 ***	—

从表 5.21 可以看出,增加控制变量之后,总资产净利率与现金股利平稳性依然显著正相关,而国有企业子样本和民营企业子样本回归的结果体现出了相同的相关属性,二者系数差异并不显著,与前文结论一致,证明本章关于盈利能力与现金股利平稳性的研究结果稳健。营业利润增长率与现金股利平稳性在全样本与民营企业子样本中均呈现显著正相关关系,而在国有企业子样本中未通过显著性检验,与前文结论一致,证明本章关于发展能力与现金股利平稳性的研究结果稳健。流动比率与现金股利平稳性在全样本和民营企业子样本中均呈现显著负相关关系,不同的是,民营企业子样本中显著性稍弱,而国有企业子样本中不存在显著相关关系,结论基本与前文一致,证明本章关于偿债能力与现金股利平稳性的研究结果稳健。存货周转率与现金股利平稳性仅在全样本中显著,而两组子样本中均不存在显著性,结论与前文一致,证明本章关于营运能力与现金股利平稳性的研究结果稳健。

5.4　本　章　小　结

5.4.1　研究结论

本章去除高管任职经历和融资约束两个变量,继续扩大样本、增加变量,直接研究财务绩效与现金股利政策的关系。时间同样限定在 2016—2020 年,对象为 A 股上市公司。本章同样将全样本分为国有企业子样本和民营企业子样本,分别研究财务绩效的各个方面与现金股利政策之间的关联,得到以下结论:

(1)盈利能力对现金股利支付水平具有正向作用,对现金股利的平稳性具有负向作用。本章经过检验,盈利能力在全样本、国有企业子样本和民营企业子样本中与现金股利支付水平均呈现显著正相关特性。相对比而言,盈利能力在民营企业中相关系数更大,且系数差异显著。这说明,盈利能力越强的样本公司支付的现金股利水平越高,这种倾向在民营企业中表现得更为明显。而盈利能力越强的样本公司,其现金股利的平稳程度越差。结合对现金股利支付水平的影响,这可能说明盈利能力强的企业其盈利水平不断提高,会将更多的现金用于支付股利,造成现金股利增长较为明显的现象。也可能是盈利能力强的样本公司,面临的投资机会较多,会根据具体情况的变化来改变现金股利政策,致使现金股利呈现了波动性特征。

(2)发展能力对现金股利支付水平具有正向作用,对现金股利的平稳性具有负向作用。本章经过检验,发展能力在全样本、国有企业子样本和民营企业子样本中均呈现显著正相关特性,但在民营企业中显著程度略低。这表明发展能力强的样本公司倾向于支付更高水平的现金股利,这一特征在国有企业中表现得更为突出。而发展能力与现金股利平稳性之间的负向相关关系在全样本和民营企业子样本中显著,但是在国有企业子样本中并不显著。结合两个方面的结论来看,国有企业在发展能力较强时会提高现金股利的支付,但是并不会直接导致现金股利平稳性呈现明确的变动趋势。而民营企业在发展能力强时,一方面提高了现金股利的支付水平,另一方面降低了现金股利的平稳程度。这可能是因为民营企业随着发展速度的加快,将越来越多的利润分享给股东,而呈现出现金股利不断增长的态势。

(3)偿债能力仅在国有企业子样本中对现金股利支付水平呈现正向影响,而在全样本中对现金股利的平稳性具有正向作用。本章经过检验,偿债能力在全样本和民营企业子样本中对现金股利支付水平不具备显著影响,仅有国有企业会在偿债能力较强时支付更多的现金股利。而偿债能力对现金股利平稳性的影响特性则恰好相反,在全样本和民营企业子样本中通过了显著性检验,而国有企业没有通过显著性检验。这表明偿债能力的作用在不同产权性质的企业中存在明显的差异,国有企业不会因为偿债能力的高低调整现金股利的平稳程度,而民营企业会在偿债能力较强时维持较为稳定的现金股利支付。

(4)营运能力对现金股利支付水平不存在显著作用,而在全样本中对现金股利的平稳性具有负向作用。营运能力对现金股利政策的影响极小,与很多学者的研究结论不同,可能是因为环境的变化导致了决策方式的变化。企业在进行现金股利支付水平决策时,并不参考营运能力的水平。而营运能力较强的企业现金股利的平稳性会降低。但是这一特性在国有企业和民营企业两组子样本中均不存在。因此,即使这一影响特性存在,其作用也较低。

5.4.2 政策建议

本章研究结论表明,财务业绩会对现金股利政策构成实质性影响。为进一步解决上市公司现金股利支付水平与现金股利平稳性问题,本章提出以下建议:

(1)采用多种方式,切实提升企业盈利能力。盈利能力是影响企业现金股利政策的要素,因此,提升企业盈利能力能够有效促进现金股利支付政策的改善。当期,我国面临的整体环境压力较大,企业的市场空间不断被压缩,这些都是阻碍盈利能力提升的关键原因。因此,可以采取以下政策提升企业盈利能力:继续大力支持企业关键技术研究开发工作,通过掌握核心技术提升企业盈利能力;深化减税降费,帮扶企业度过艰难时期,积蓄力量提升竞争能力;注重科技人才的培养,从根本上解决企业人才匮乏的问题。

(2)坚持开拓国际、国内市场,提升企业的发展能力。企业的发展,需要充分的市场空间,而中国作为制造业大国,很多企业的规模较大,只有不断打开国际、国内市场才能为其提供发展的环境。因此,在今后的较长时期内,我们需要坚持国内、国际双循环,与一带一路的国家深化合作,同时增强高端制造业的技术实力,争取更为广阔的市场。这样,无论是传统强势行业,还是"专精特新"企业,都能具有足够的发展空间,从而提高企业的持久发展能力。

(3)拓宽融资路径,降低融资成本,减轻企业偿债压力。在当前我国的金融市场中,对于大多数企业来说,债务资金仍是最为重要的融资途径,而民营企业面临的资本成本偏高,这会降低企业的偿债能力,增加企业的财务风险,从而对现金股利政策形成不良影响。而我国目前主要的股权融资路径相对狭窄,多数企业达不到资本市场股权融资标准,无法进行股权融资。因此,未来的金融市场可以考虑拓宽股权融资的路径,将优秀企业与股权资本结合,共同分享企业的发展成果。

(4)推进科学管理,提升企业营运能力。虽然本章的研究结论认为,在当前的环境下,营运能力对于现金股利政策的影响较弱,但是营运能力对企业盈利能力、发展能力都具有重要的贡献。因此,营运能力依然是不可忽视的财务绩效之一。当前影响企业营运能力的重要因素是人才和管理经验的匮乏,因此,应推进企业与高校的进一步对接,让多数企业都能够得到智力支持,通过科学管理改进企业的内部流程,提升营运能力,从而间接改善企业现金股利政策。

第6章 结论与展望

6.1 结 论

我国资本市场当前存在诸多不确定因素,不仅企业的财务业绩会影响现金股利分配,高管任职经历、融资约束等因素都会对企业现金股利政策构成影响。这最终导致股利支付平稳性普遍较差。尽管监管部门已经通过制定一系列的政策进行指引和监督,但是政策的充分落实还有一段路要走。企业自身经济能力、外部资本市场对不同企业的信贷偏好以及经济大环境的风险积累等问题都会使企业不得不做出较为保守的决策,现金股利政策就会偏离理想目标。国有企业和民营企业在获取核心资源的过程中付出的代价不同。融资市场的倾向性使得民营企业在融资方面承受的压力更大,加之民营企业自身内部治理结构不够清晰,机制不够健全,外部融资难上加难。为此,本书对当前环境下影响公司现金股利政策的诸多因素进行分析,探究改进现金股利政策的路径。

为验证所提出的假设,本书以 A 股上市公司为研究样本,采用了 2016—2020 年的面板数据,考察了高管任职经历、融资约束及财务绩效与现金股利政策的相关关系。研究结论如下:

(1)高管任职经历与现金股利政策

高管任职经历可以显著提高企业的现金股利支付水平。在根据产权性质划分为国有企业和民营企业分别进行回归时,高管任职经历对现金股利支付水平的影响作用依然成立。高管任职经历在某种程度上确实可以获得某些政策优惠及便利,而高管也会因为维护声誉而严格规范自身行为,积极响应我国监管机构制定的分红政策。

高管任职经历的存在会加大现金股利的波动性。将总样本分为国有企业和民营企业两个子样本之后进行回归,高管任职经历与现金股利平稳性的负向关系结果是一致的。这可能是因为具有高管任职经历背景的企业其发展态势较好,盈利水平不断提高,会根据增加的利润向股东发放更多的现金股利,而现金股利额度的不断增长破坏了平稳性。也可能是因为具有高管任职经历背景的企业占有优势资源,面临的经营压力较小,会根据企业长期发展规划以及投资机会随时调整现金股利政策。

(2)高管任职经历与融资约束

高管任职经历可以显著降低企业融资约束水平。高管任职经历能够通过信息效应与资源效应双重途径来缓解企业融资约束水平。高管任职经历可以削弱借贷双方的信息不对称程度,而资源效应则是能够缩短获取优惠政策的时间和路径,也可以利用高管在社会网络中积累的社会资本帮助企业获得优势资源,缓解企业的融资压力。

(3)融资约束的中介效应

本书为了检验融资约束中介效应的存在,采用了逐步回归、Sobel 检验以及 Bootstrap 法来验证。在全样本、国有企业子样本和民营企业子样本中都得出融资约束在高管任职经历与现金股利支付水平的关联中起到部分中介的作用。也就是说,在样本公司中,高管任职经历通过缓解融资约束,提高了现金股利的支付水平。

在高管任职经历与现金股利平稳性的关联中融资约束的中介作用依然存在。但是进行异质性分析时,在国有企业中,融资约束是部分中介作用。而在民营企业中,融资约束起到的是完全中介的作用,即高管任职经历完全通过缓解融资约束这一途径来进一步影响现金股利的平稳性。

(4)融资约束与现金股利政策

融资约束的存在会促使企业更多地利用内部资金进行经营和投资,从而影响现金股利的支付水平以及现金股利平稳性。本书去除高管任职经历变量对样本的限制,重新检验了融资约束对现金股利政策的影响。实证结果证明,融资约束对相对数现金股利支付和绝对数现金股利支付都具有显著的抑制作用。与国有企业相比,融资约束对相对数现金股利支付和绝对数现金股利支付的抑制作用在民营企业中都更为显著。

融资约束程度越大会造成现金股利的波动性越强。当面临的融资约束程度较高时,企业会更多地关注自身的安全,而忽视现金股利的平稳程度。分组回归之后,本书发现融资约束形成的现金股利波动性特征在不同产权性质的企业之中并没有显著差别。

(5)财务绩效与股利政策

去除高管任职经历和融资约束对于变量的限制后,本书将财务绩效作为解释变量,从盈利能力、发展能力、偿债能力和营运能力四个方面探究与现金股利政策的关联。

上市公司的盈利能力对现金股利支付水平具有正向作用。在进一步根据产权性质进行异质性分析时,本书发现在国有企业和民营企业中盈利能力与现金股利支付水平都是显著正相关的,但盈利能力在民营企业中相关系数更大,且系数差异显著。另一方面,上市公司盈利能力对现金股利的平稳性具有负向作用。在国有企业和民营企业两组子样本中盈利能力与现金股利平稳性的负向作用同样成立,但是系数差异并不显著。这意味着产权性质不会对这种负向作用产生实质性影响。

上市公司的发展能力对现金股利支付水平具有正向作用。发展能力在全样本、国有企业子样本和民营企业子样本中均呈现显著正相关特性,但在民营企业中显著程度略低。上市公司的发展能力对现金股利的平稳性具有负向作用。这一关系在全样本和民营企业子样本中均通过了显著性检验,但是在国有企业中未通过显著性检验。这说明国有企业的发展能力对现金股利的平稳性不构成实质性影响。

上市公司的偿债能力仅在国有企业子样本中对现金股利支付水平呈现正向影响,在全样本和国有企业子样本中并不显著。说明国有企业会根据偿债能力的强弱对现金股利支付政策进行调整,而民营企业不存在这样的倾向。而偿债能力对现金股利平稳性的影响在全样本和民营企业子样本中通过了显著性检验,国有企业子样本没有通过检验。这说明民营企业在偿债能力较强时会维持平稳的现金股利支付。

上市公司的营运能力对现金股利支付水平不存在显著作用。这可能是因为环境的变化导致了决策方式的变化。企业在进行现金股利支付水平决策时,并不参考营运能力这一要素。营运能力在全样本中对现金股利的平稳性具有负向作用,但是在国有企业和民营企业子样本中均未呈现显著性。在财务绩效的四方面能力中,营运能力与现金股利政策的关联性最弱。

6.2 展　望

尽管本书从多个方面对假设进行检验,探究了高管任职经历、融资约束及财务绩效对现金股利政策的影响,并进行了稳健性检验,但是本书的研究依然存在不足。

1. 解释变量选取的不足与展望

本书论证用到的解释变量有合理的选取依据,进行了详细的描述,并做了较为严谨的稳健性检验。但是受到客观环境的限制,本书选用的代理变量仍然不一定是最佳的。如高管任职经历,本书只考虑了高管在职位上产生的联系,但是未能考察社会网络带来的无形的高管任职经历效果,而在现实中社会网络产生的这些资源效果也是难以有效衡量的。待未来条件成熟之后,本书将设计更加有效的代理变量,并再次考虑解释变量对现金股利政策的影响效果。此外,衡量财务绩效的指标众多,即使分为四个维度,每个维度的可选指标仍然较多,本书各个维度仅选择了一个代理变量,结论也可能存在偏差。因此,未来的研究中,可以考虑替换相关变量,或者将衡量同一方面能力的多个变量进行组合,分析其对现金股利政策的影响。

2. 控制变量选取的不足与展望

关于现金股利政策的研究,控制变量非常多。本书为了多维度分析现金股利政策的影响因素,在不同的章节选取的控制变量存在一定差异。而控制变量不同,最终形成的结论也不尽相同。因此,控制变量会对回归结果形成实质性影响。而本书选取的控制变量可能存在着偏差,在未来的研究中,可以考虑增加非财务指标的变量,以更加全面地分析现金股利决策的影响因素。

3. 研究方法的不足与展望

本书采用了逐步研究的方式,首先将高管任职经历作为解释变量,融资约束作为中介变量,而财务绩效指标作为控制变量来分析。其次去除高管任职经历变量,将融资约束作为解释变量,财务绩效指标作为控制变量,扩大样本,研究融资约束与现金股利政策的关系。最后去除融资约束指标,将财务绩效指标作为解释变量,继续扩大样本,研究财务绩效四个方面能力对现金股利政策形成的影响。在不断扩大样本的过程中,有些变量的相关性出现了反转的情况,可能是研究方法存在一定问题,未来可以考虑将整个分析过程纳入同一个框架进行研究。

总之,关于现金股利政策的研究是一个动态的过程。在不同的环境下、不同的年份中,企业的决策要素会发生改变,现金股利政策也会呈现不同的特征。因此,关于现金股利的研究也需要不断改进,以随时调整政策,提高我国资本市场现金股利政策的成熟度。

参考文献

[1] 蔡卫星,胡志颖.企业集团、产权性质与现金持有水平[J].管理评论,2016(7):236-251.

[2] 曹春方.政治权力转移与公司投资:中国的逻辑[J].管理世界,2013(1):143-157.

[3] 陈浪南,姚正春.我国股利政策信号传递作用的实证研究[J].金融研究,2000(10):69-77.

[4] 陈名芹,刘星,辛清泉.上市公司现金股利不平稳影响投资者行为偏好吗?[J].经济研究,2017,52(6):90-104.

[5] 陈信元,陈冬华,时旭.公司治理与现金股利:基于佛山照明的案例研究[J].管理世界,2003(8):118-126,151.

[6] 陈艳利,毛斯丽,王碧月.股利平稳性、股权制衡与制造业企业价值[J].财会月刊,2019(13):46-52.

[7] 邓建平,曾勇.金融关联能否缓解民营企业的融资约束[J].金融研究,2011(8):78-92.

[8] 邓建平,曾勇.金融生态环境、银行关联与债务融资:基于我国民营企业的实证研究[J].会计研究,2011(12):33-40,96-97.

[9] 冯戈坚,王建琼.社会网络视角下的现金股利分配行为及其同群效应[J].管理评论,2021,33(3):255-268.

[10] 葛蓉蓉.股权结构对公司治理影响的状态依存性[J].金融研究,2006(7):151-156.

[11] 郭剑花,杜兴强.政治联系、预算软约束与政府补助的配置效率:基于中国民营上市公司的经验研究[J].金融研究,2011(2):114-128.

[12] 韩忠雪,周婷婷.产品市场竞争、融资约束与公司现金持有:基于中国制造业上市公司的实证分析[J].南开管理评论,2011,14(4):149-160.

[13] 胡国强,盖地.高管股权激励与银行信贷决策:基于我国民营上市公司的经验证据[J].会计研究,2014(4):58-65.

[14] 胡旭阳.民营企业家的政治身份与民营企业的融资便利:以浙江省民营百强企业为例[J].管理世界,2006(5):107-113,141.

[15] 贾明,张喆.高管的政治关联影响公司慈善行为吗?[J].管理世界,2010(4):99-113,187.

[16] 姜国华,饶品贵.宏观经济政策与微观企业行为:拓展会计与财务研究新领域[J].会计研究,2011(3):9-18,94.

[17] 鞠晓生,卢荻,虞义华.融资约束、营运资本管理与企业创新可持续性[J].经济研究,2013,48(1):4-16.

[18] 孔小文,于笑坤.上市公司股利政策信号传递效应的实证分析[J].管理世界,2003(6):114-118,153.

[19] 雷光勇,刘慧龙.市场化进程、最终控制人性质与现金股利行为:来自中国A股公司的经验证据[J].管理世界,2007(7):120-128,172.

[20] 李传宪,干胜道.政治关联、补贴收入与上市公司研发创新[J].科技进步与对策,

2013,30(13):102-105.

[21] 李礼,王曼舒,齐寅峰.股利政策由谁决定及其选择动因:基于中国非国有上市公司的问卷调查分析[J].金融研究,2006(1):74-85.

[22] 李增泉,辛显刚,于旭辉.金融发展、债务融资约束与金字塔结构:来自民营企业集团的证据[J].管理世界,2008(1):123-135,188.

[23] 梁建,陈爽英,盖庆恩.民营企业的政治参与、治理结构与慈善捐赠[J].管理世界,2010(7):109-118.

[24] 林润辉,范建红,赵阳,等.公司治理环境、治理行为与治理绩效的关系研究:基于中国电信产业演进的证据[J].南开管理评论,2010,13(6):138-148.

[25] 林毅夫,李永军.中小金融机构发展与中小企业融资[J].经济研究,2001(1):11-18,53.

[26] 林毅夫,李志赟.政策性负担、道德风险与预算软约束[J].经济研究,2004,39(2):17-27.

[27] 刘孟晖,高友才.现金股利的异常派现、代理成本与公司价值:来自中国上市公司的经验证据[J].南开管理评论,2015,18(1):152-160.

[28] 刘淑莲,胡燕鸿.中国上市公司现金分红实证分析[J].会计研究,2003(4):29-35.

[29] 卢太平,张东旭.融资需求、融资约束与盈余管理[J].会计研究,2014(1):35-41,94.

[30] 罗党论,刘晓龙.政治关系、进入壁垒与企业绩效:来自中国民营上市公司的经验证据[J].管理世界,2009(5):97-106.

[31] 罗党论,应千伟.政企关系、官员视察与企业绩效:来自中国制造业上市企业的经验证据[J].南开管理评论,2012,15(5):74-83.

[32] 罗党论,甄丽明.民营控制、政治关系与企业融资约束:基于中国民营上市公司的经验证据[J].金融研究,2008(12):164-178.

[33] 罗宏,黄文华.国企分红、在职消费与公司业绩[J].管理世界,2008(9):139-148.

[34] 吕长江,许静静.基于股利变更公告的股利信号效应研究[J].南开管理评论,2010,13(2):90-96.

[35] 潘克勤.实际控制人政治身份降低债权人对会计信息的依赖吗:基于自我约束型治理视角的解释和实证检验[J].南开管理评论,2009(5):38-46.

[36] 潘越,戴亦一,吴超鹏,等.社会资本、政治关系与公司投资决策[J].经济研究,2009,44(11):82-94.

[37] 钱红光,吴晓莹.政治关联、内部控制与企业绩效关系的实证分析[J].统计与决策,2018,34(13):185-188.

[38] 屈依娜,陈汉文.现金股利政策、内部控制与市场反应[J].金融研究,2018(5):191-206.

[39] 全怡,梁上坤,付宇翔.货币政策、融资约束与现金股利[J].金融研究,2016(11):63-79.

[40] 饶育蕾,汪玉英.中国上市公司大股东对投资影响的实证研究[J].南开管理评论,2006(5):67-73.

[41] 魏志华,李常青,吴育辉,等.半强制分红政策、再融资动机与经典股利理论:基于股利代理理论与信号理论视角的实证研究[J].会计研究,2017(7):55-61,97.

[42] 魏志华,李茂良,李常青.半强制分红政策与中国上市公司分红行为[J].经济研究,2014,49(6):100-114.

[43] 魏志华,吴育辉,李常青.家族控制、双重委托代理冲突与现金股利政策:基于中国上市公司的实证研究[J].金融研究,2012(7):168-181.

[44] 吴春贤,张静.金融发展与现金股利政策分析:基于融资约束与自由现金流的检验[J].商业研究,2017(6):69-78.

[45] 吴文锋,吴冲锋,刘晓薇.中国民营上市公司高管的政府背景与公司价值[J].经济研究,2008(7):130-141.

[46] 吴文锋,吴冲锋,芮萌.中国上市公司高管的政府背景与税收优惠[J].管理世界,2009(3):134-142.

[47] 肖珉.现金股利、内部现金流与投资效率[J].金融研究,2010(10):117-134.

[48] 谢军.股利政策、第一大股东和公司成长性:自由现金流理论还是掏空理论[J].会计研究,2006(4):51-57.

[49] 谢知非.双重迎合与现金股利平稳性:基于中国A股上市公司的实证研究[J].会计研究,2019(11):78-84.

[50] 徐业坤,钱先航,李维安.政治不确定性、政治关联与民营企业投资:来自市委书记更替的证据[J].管理世界,2013(5):116-130.

[51] 宣杰,王晓莹,闫睿,等.独立董事履职有效性、现金股利与企业绩效[J].财会通讯,2021(22):37-40.

[52] 杨淑娥,王勇.我国股利分配政策影响因素的实证分析[J].会计研究,2000(2):31-34.

[53] 喻坤,李治国,张晓蓉.企业投资效率之谜:融资约束假说与货币政策冲击[J].经济研究,2014,49(5):106-120.

[54] 余明桂,回雅甫,潘红波.政治联系、寻租与地方政府财政补贴有效性[J].经济研究,2010,45(3):65-77.

[55] 余明桂,潘红波.政治关系、制度环境与民营企业银行贷款[J].管理世界,2008(8):9-21,39,187.

[56] 俞乔,程滢.我国公司红利政策与股市波动[J].经济研究,2001(4):32-40.

[57] 于蔚,汪淼军,金祥荣.政治关联和融资约束:信息效应与资源效应[J].经济研究,2012(9):125-139.

[58] 袁建国,后青松,程晨.企业政治资源的诅咒效应:基于政治关联与企业技术创新的考察[J].管理世界,2015(1):139-155.

[59] 张纯,吕伟.信息环境、融资约束与现金股利[J].金融研究,2009(7):81-94.

[60] 张兆国,陈天骥,余伦.平衡计分卡:一种革命性的企业经营业绩评价方法[J].中国软科学,2002(5):109-111.

[61] 郑江淮,何旭强,王华.上市公司投资的融资约束:从股权结构角度的实证分析[J].金融研究,2001(11):92-99.

[62] 祝继高,陆正飞.货币政策、企业成长与现金持有水平变化[J].管理世界,2009(3):152-158,188.

[63] ADAOGLU, C. Instability in the dividend policy of the istanbul stock Exchange(ISE) corporations:evidence from an emerging market[J]. Emerging Markets Review,2000,1(3):252-270.

[64] AGARWAL S,MOHTADI H. Financial Markets and the financing choice of firms:Evidence from developing countries[J]. Global Finance Journal,2003,15(1):57-70.

[65] ALLEN F J,QIAN M. Law,Finance,and Economic Growth in China[J]. Journal of Financial Economics,2004,77(1):57-116.

[66] ALMEIDA H,CAMPELLO M. The Cash Flow Sensitivity of Cash[J]. Journal of Finance, 2004(59):1777-1804.

[67] ALON B,JOHN R,GRAHAM,et al. Harvey,Roni Michaely. Payout policy in the 21st century[J]. Journal of Financial Economics,2004(77):483-527.

[68] ANDERSON H D,CHI J,ING-ARAM C. Stock dividend puzzles in China[J]. Journal of the Asia Pacific economy,2011,16(3):422-447.

[69] ASQUITH P. Merger bids,uncertainty and stockholder returns[J]. Journal of Financial Economics,1983(11):51-83.

[70] BAE S C,CHANG K,KANG E. Culture,Corporate Governance,and Dividend Policy: International Evidence[J]. Journal of Financial Research,2012,35(2):289-316.

[71] BAI C,LU J Y,TAO Z J. Property Rights Protection and Access to Bank Loans[J]. Economics of Transition,2006(16):611-628.

[72] BENJAMIN S J,ZAIN M M,WAHAB E A A. Political Connections,Institutional Investors and Dividend Payouts in Malaysia[J]. Pacific Accounting Review,2016,28(2):153-179.

[73] BERKMAN H ,COLE R A ,FU L J. Political Connections and Minority-Shareholder Protection:Evidence from Securities-Market Regulation in China[J]. Journal of Financial and Quantitative Analysis,2010(45):1391-1417.

[74] BERNANKE BS,The Determinants of Investment:Another Look[J]. The American Economic Review,1983,73(2):71-75.

[75] SUDIPTO B. Imperfect Information,Dividend Policy,and "The Bird in the Hand" Fallacy [J]. The Bell Journal of Economics,1979,10(1):259-270.

[76] BOUBAKRI N,COSSET J C,SAFFAR W. Political connections of newly privatized firms [J]. Journal of Corporate Finance,2008,14(5):654-673.

[77] BOUBAKRIN,COSSET J,SAFFAR W. The Impact of Political Connections on Firm's Operating Performance and Financing Decisions[J]. Journal of Financial Research,2012, 35(3):397-423.

[78] GE Y,QIU J P. Financial development,bank discrimination and trade credit. [J]. Journal of Banking and Finance,2006,31(2):513-530.

[79] BRENNAN M J,THAKOR AV. Shareholder Preferences and Dividend Policy[J]. The Journal of Finance,1990,45(4):993-1018.

[80] SHABAN N. Dividend policy determinants:evidence from the Dar es Salaam Stock Exchange listed firms. [J]. Journal of Finance and Management,2015,24(1-2):51-64.

[81] CHAE J,KIM S. How Corporate Governance Affects Payout Policy under Agency Problems and External Financing Constraints[J]. Journal of Banking and Finance,2009(33):2093-2101.

[82] CHAYJ ,SUH J. Payout Policy and Cash-flow Uncertainty[J]. Journal of Financial

Economics,2008(93):88-107.

[83] CHEN L,DA Z,PRIESTLEY R. Dividend Smoothing and Predictability[J]. Management ence,2012,58(10):1834-1853.

[84] CLAESSENS S ,FEIJEN E ,LAEVENL. Political Connections and Preferential Access to Finance:the Role of Campaign Contributions [J]. Journal of Financial Economics,2006,88 (3):554-580.

[85] CULL R,XU L. Chinese firms'political connection,ownership,and financing constraints [J]. Economics Letters,2012,115(2):164-167.

[86] D'ESPALLIER B,VANDEMAELE S,PEETERS L. Investment-cash flow sensitivities or cash-cash flow sensitivities? An evaluative framework for measures of financial constraints [J]. Journal of Business Finance and Accounting,2008,35(7-8):943-968.

[87] JAVAKHADZE D,STEPHEN P,FERRIS,et al. An international analysis of dividend smoothing[J]. Journal of Corporate Finance,2014(29):200-220.

[88] NISSIM D,ZIV A. Dividend Changes and Future Profitability[J]. The Journal of Finance, 2001,56(6):2111-2133.

[89] FUDENBERG D,TIROLE J. A Theory of Income and Dividend Smoothing Based on Incumbency Rents[J]. Journal of Political Economy,1995,103(1):75-93.

[90] DUCHIN R. Cash Holdings and Corporate Diversification[J]. Journal of Finance,2010,65 (3):955-992.

[91] EASTERBROOK H. Two Agency-Cost Explanations of Dividends [J]. American Economic Review,1984(74):650-659.

[92] EUGENE F F,FRENCH K R. Disappearing Dividends:Changing Firm Characteristics or Lower Propensity to Pay[J]. Journal of Financial Economics,2001,60(1):3-43.

[93] FACCIO,MARA,HSU,et al. Politically Connected Private Equity and Employment[J]. Journal of finance,2017,72(2):539-573.

[94] FAZZARI S M,PETERSEN B C,HUBBARD R G. Investment,Financing Decisions,and Tax Policy[J]. The American Economic Review,1988,78(2):200-205.

[95] FISMAN,RAYMOND. Estimating the Value of Political Connections [J]. American Economic Review,2001(9):1095-1102.

[96] LUIS G F,MIRAN H M,DAVID J. Managerial social capital and dividend smoothing[J]. Journal of Corporate Finance,2021(66):1-23.

[97] GERTLER M,GILCHRIST S. Monetary Policy,Business Cycles,and the Behavior of Small Manufacturing Firms[J]. Quarterly Journal of Economics,1994,109(2):309-340.

[98] GOLDMAN E,ROCHOLL J,SO J. Do Politically Connected Boards Affect Firm Value? [J]. The review of financial studies,2009,22(6):2331-2360.

[99] HADLOCK C J,PIERCE J R. New Evidence on Measuring Financial Constraints:Moving Beyond the KZ Index[J]. Review of Financial Studies,2010,23(5):1909-1940.

[100] HARFORD J. Corporate Cash Reserves and Acquisitions[J]. Social Science Electronic Publishing,1999,54(6):1969-1997.

[101] HE Z,CHEN X,HUANG W,et al. External Finance and Dividend Policy:A Twist by

Financial Constraints [J]. Accounting & Finance,2016,56(4):935-959.

[102] HEALY P M,PALEPU K G. Earnings information conveyed by dividend initiations and omissions[J]. Journal of Financial Economics,1988,21(2):149-175.

[103] HERSH M, MEIR S. Explaining investor preference for cash dividends[J]. Journal of Financial Economics,1984(13):253-282.

[104] HIGGINS R C. The Corporate Dividend-Saving Decision[J]. Journal of Financial and Quantitative Analysis,1972,7(2):1527-1541.

[105] HILL M D, FULLER K P, KELLY G W, et al. Corporate Cash Holdings and Political Connections [J]. Review of Quantitative Finance and Accounting,2014,42(1):123-142.

[106] LI H B, MENG L S, WANG Q, et al. Political Connections, Financing and Firm Performance:Evidence from Chinese Private Firms[J]. Journal of Development Economics, 2007(87):283-299.

[107] JAMES L R, BRETT J M. Mediators,Moderators,and Tests for Mediation[J]. Journal of Applied Psychology,1984,69(2):307-321.

[108] JENSEN M. Agency Costs of Free Cash Flow,Corporate Finance,and Takeovers[J]. The American Economic Review,1986,76(2):323-329.

[109] JENSEN M,MECKLING W. Theory of the Firm:Managerial Behavior, Agency Costs and Ownership Structure [J]. Journal of Financial Economics,1976(3):305-360.

[110] JOHN L. Distribution of Incomes of Corporations Among Dividends,Retained Earnings,and Taxes[J]. The American Economic Review,1956,46(2):345-358.

[111] JOHNSONA S,MITTONB T. Cronyism and Capital Controls:Evidence from Malaysia [J]. Journal of Financial Economics,2003,67(2):351-382.

[112] JOSEPH E, STIGLITZ, ANDREW W. Credit Rationing in Markets with Imperfect Information[J]. The American Economic Review,1981,71 (3):393-410.

[113] JULIO B,YOOK Y. Political Uncertainty and Corporate Investment Cycles[J]. Journal of Finance,2012,67(1):45-83.

[114] KAPLAN S N,LUIGI Z. Do Investment-Cash Flow Sensitivities Provide Useful Measures of Financing Constraints? [J]. Quarterly Journal of Economics,1997(1):169-215.

[115] KHWAJA A I,MIAN A. Do Lenders Favor Politically Connected Firms? Rent Provision in an Emerging Financial Market[J]. The Quarterly Journal of Economics,2005(120):1371-1411.

[116] KOSE J,ANZHELA K,DIANA K. Governance and Payout Precommitment [J]. Journal of Corporate Finance,2015(33):101-117.

[117] KRASNIQI B A,MUSTAFA I. Financing constraints and small firm investment behaviour [J]. International Journal of Entrepreneurship and Innovation Management,2011,14(2-3):151-175.

[118] KROSZNER R S,STRATMANN T. Interest-group competition and the organization of Congress:theory and evidence from financial services'political action committees [J]. American Economic Review,1998(88):1163-1187.

[119] KRUEGER, A O. The Political Economy of the Rent-Seeking Society [J]. American Economic Review,1974,64(64):291-303.

[120] LA PORTA R,SILANES L D,SHLEIFER A,Government Ownership of Commercial Banks [J]. Journal of Finance,2002(57):471-517.

[121] PORTA R. L,LOPEZ F ,SHLEIFER A,et al. Agency Problems and Dividend Policies around the World [J]. Journal of Finance,2000(55):1-33.

[122] LAMBRECHT B M,MYERS S C. A Lintner Model of Payout and Managerial Rents[J]. Journal of Finance,2012,67(5):1761-1810.

[123] LAMONTO, POLK C, SAA J. Financial Constraints and Stock Returns[J]. Review of Financial Studies,2001,14(2):529-554.

[124] LEARY M T, MICHAELY R. Determinants of Dividend Smoothing:Empirical Evidence [J]. Review of Financial Studies,2011(10):3197-3249.

[125] LEUZC, OBERHOLZER F. Political Relationships, global Financing, and corporate transparency:Evidence from Indonesia[J]. Journal of Financial Economics,2005(81): 411-439.

[126] LINTNER J. Distribution of Income Among Dividends,Retained Earnings,and Taxes[J]. The American Economic Review,1956,45(2):97-113.

[127] MCMILLANJ,WOODRUFF C. The Central Role of Entrepreneurs in Transition Economics [J]. Journal of Economic Perspectives,2002(16):153-170.

[128] MICHAELY R,ROBERTS M R. Corporate Dividend Policies:Lessons from Private Firms [J]. Review of Financial Studies,2012,25(3):711-746.

[129] Miller M H,Modigliani F . Dividend Policy,Growth,and the Valuation of Shares[J]. The Journal of Business,1961,34(4):411-433.

[130] Miller M H, Rock K. Dividend Policy underAsymmetric Information [J]. Journal of Finance,1985,40(4):1031-1051.

[131] MYERSS, MAJLUF N. Corporate Financing and Investment Decisions when Firms have Information that Investors Do not have [J]. Journal of Financial Economics,1984(13): 187-221.

[132] NATHANIEL B,GUTTMAN. Accepting the Standardized Precipitation Index:A Calculation Algorithm[J]. JAWRA Journal of the American Water Resources Association,1999,35 (2):311-322.

[133] PÁSTOR L,VERONESI P. Uncertainty about government policy and stock prices[J]. The Journal of Finance,2012,67(4):1219-1264.

[134] PÁSTOR L,VERONESI P. Political uncertainty and risk premia[J]. Journal of Financial Economics,2013,110(3):520-545.

[135] PHILIP V. Business Fixed Investment:Evidence of a Financial Accelerator in Europe[J]. Oxford Bulletin of Economics and Statistics,2002,64(3):213-231.

[136] RAGHURAM GR, ZINGALES L. Financial Dependence and Growth [J]. American Economic Review,1998,88(3):559-586.

[137] RAVI J,SHAKER B S. Does product market competition reduce agency costs? [J]. North American Journal of Economics and Finance,1999,10(2):387-399.

[138] ROBERTS B E. ADead Senator Tells No Lies:Seniority and the Distribution of Federal

Benefits[J]. American Journal of Political Science,1990,34(1):31-58.

[139] ROZEF F M. Growth,Beta and Agency Costs as Determinants of Dividend Payout Ratios [J]. Journal of Financial Research,1982(5):249-259.

[140] RUEKERT R W,WALKER O C,ROERING K J. The Organization of Marketing Activities: A Contingency Theory of Structure and Performance[J]. Journal of Marketing,1985,49 (1):13-25.

[141] SU Z Q,FUNG H G,HUANG D S,et al. Cash Dividends,Expropriation,and Political Connections:Evidence from China [J]. International Review of Economics and Finance, 2013,29(1):260-272.

[142] TETSUJI O,MICHIRU S. Interbank networks in prewar Japan:structure and implications [J]. Industrial and Corporate Change,2012,21(2):463-506.

[143] THANATAWEE Y. Ownership Structure and Dividend Policy:Evidence from Thailand [J]. Social Science Electronic Publishing,2012,6(8):197-204.

[144] TRUONG T,HEANEY R. Largest Shareholder and Dividend Policy around the World[J]. Quarterly Review of Economics & Finance,2007,47(5):667-687.

[145] ULRIKE M,GEOFFREY T. Does Overconfidence Affect Corporate Investment? CEO Overconfidence Measures Revisited[J]. European Financial Management,2005,11(5): 649-659.

[146] VIRAL VA,HEITOR A,MURILLO C. Is cash negative debt? A hedging perspective on corporate financial policies[J]. Journal of Financial Intermediation,2007,16(4):515-554.

[147] WHITED T M,WU G. Financial Constraints Risk[J]. Review of Financial Studies,2006, 19(2):531-559.